河出文庫

日航123便 墜落の新事実

目撃証言から真相に迫る

青山透子

kawade bunko

河出書房新社

日航123便 墜落の新事実

目撃証言から真相に迫る

◉ 目次

序　章　あの日に何が見えたのか　9
●日航123便墜落事故に関する略年表　27
第一章　一九八五年八月十二日の記録　39
1　スチュワーデスの視点から　40
2　政治家の視点から　72
●中曽根康弘総理大臣の場合　72
●山下徳夫運輸大臣の場合　79
3　日本航空の視点から　81
第二章　新たに浮かび上がるあの日の証言　89
1　遺族となった吉備素子氏の体験と記憶　90
2　山下徳夫運輸大臣の記憶　105

3 目撃者たちの証言 117
●ファントム二機と赤い物体の目撃者 118

第三章 『小さな目は見た』というもう一つの記録 129
1 上野村小学校、中学校の文集が語る二百三十五名の目撃証言 130
2 横田基地への取材ノートから 144
3 ガソリンとタールの臭いが物語る炭化遺体と遺品 153
●検死に関わった医師たちの証言 153
●山口悠介検事正による異例の説明会 163
●上野村に眠る遺骨と尾根に残る残骸から見えてくるもの 166

第四章 三十三回忌に見えてきた新たな事実
～目撃証言からの検証～ 171
1 事故原因を意図的に漏洩したのは米国政府という記事 172
●ガソリンとタールの異臭について 175
●墜落現場不明という誤報とファントム二機の追尾 177

●人命救助よりも大切だったのは赤い物体か？　183
2　未来に向けて私たちができること　191

終　章　未来の目は見た　197
●事実関係時系列表　212

謝　辞　222
参考文献　226
文庫版あとがき　230
文庫解説　日本の経済社会を変えた日航123便事件　森永卓郎　236

日航123便 墜落の新事実

目撃証言から真相に迫る

省庁の名称や職業、役職、（　）の年齢はすべて事故当時のものとします。

序章　あの日に何が見えたのか

飛行機が激突して木々がなぎ倒され、
焼け焦げた御巣鷹の尾根の墜落地点

思い出してほしい、あの日の夜を……。

暗い夜空を眺めてほしい、そこに何が見えるのか……。

そして未来のためにともに考えてほしい。

今から三十二年前の八月十二日に何が起きたのかを。

群馬県多野郡上野村――。


あの夜は、山々の稜線が漆黒の夜空に隠れ、ペルセウス座流星群の星たちが次々と流れては消えて、まるで死者の魂が飛び交うようであった。


ガーガーガーンと強い衝撃の後、様々な固形物や砂が次々と頭にぶつかり、体が宙に投げ出された。左目は砂にまみれて目が飛び出したように痛い。口は乾き、砂でいっぱいだ。シートベルトが体に食い込んでお腹がちぎれそうに苦しい。

「はあ、はあはあ」と荒い息遣いをしながら、つい先ほどまでの身の毛もよだつ恐怖がよみがえる。

「ああ、墜落したのだ。大変な事故を起こしたのだ」

周辺からも、はあはあと、荒い息遣いが聞こえてくる。

「おかあさん」「早くきて」「ようし、僕は頑張るぞ」そんな声も聞こえてくる。

すると、闇の中からヘリコプターの音が近づいてきた。夏山特有の湿り気のあるもったりとした空気が、一瞬にしてかき乱される。バリバリバリと爆音をたてて、木々の葉を大きく揺らしながらゴーゴー、バババーとホバリングを始めた。辺り一面、埃や砂、機械の臭いが舞い上がる。

「ああ、私は生きている、これで助かる」

全身の痛みをこらえ、かろうじて動くほうの右手を必死に空に向かって伸ばした。

「助けてください、私は…ここに…」と、夢中で手を振る。

「助けて」「帰っちゃいや」「誰か来て」

そのような何人もの声をかき消すように、ヘリコプターは爆音と共に段々と遠くへ去っていった。周りでは、はあはあと何人もの荒い息遣いだけが聞こえてきた。

一九八五年八月十二日（月）。日航ジャンボ機１２３便（ボーイング７４７、登録機体番号ＪＡ８１１９）が、東京羽田空港を離陸して、大阪伊丹空港へ向かう途中、突発的非常事態に陥り、「群馬県上野村の御巣鷹の尾根」と後に命名された高天原山系無名の地に墜落した。

前述は、乗客乗員五百二十四名のうち、四名の生存者の一人、非番で乗客として乗り合わせた客室乗務員の落合由美さん（二十六歳）が発表した「落合証言」に基づく記述である。

当時、墜落後に遺体を検死した医師によると、落合さんが救出された場所の周辺には、つい先ほどまで生きていた痕跡のある生温かい遺体があり、早急に救助がなされていれば命が助かっていたのではないだろうかと思われる遺体が百体ぐらいはあった、ということであった。

墜落現場が不明のまま夜が明け、翌日の十三日、落合さんは地元の消防団員によって十時五十四分に発見されたが、それから灼熱の夏山の山頂で放置状態となった。生存者発見の通知をうけた日赤の医師二名と看護婦二名は、警視庁のヘリコプターで十二時十三分に現場上空に到着し、救命用綱で降下した。医師と看護婦による応急処置をしたのだが、その後まったく救護のヘリが来なかった。山頂で生存者を見守る地元の消防団からも、「せっかく救助したのだから早く搬送してくれ、自衛隊のヘリに連絡してくれ」という声が次々上がる。医師も声を荒げながら「物資や自衛隊員の降下よりも、救助された生存者を搬送することを優先させてくれ」とその場にいた自衛隊員に詰め寄り、直接交渉をした。

やっと救護用ヘリが到着し、十三時五分にようやく生存者のヘリへの収容が始まり、子どもから先にヘリコプターで機体に吊り上げられた。落合さんは最後に担架ごとクルクルと回転しながら十三時二十八分に収容された。生存者四名を収容した自衛隊ヘリのパイロットは十五分で到着するはずの上野村の本部の場所がわからないという。そこで医師が必死に地図や地上の風景を見ながら場所を指示し、十三時五十分にようやく到着した。結局、「生存者発見から猛暑の炎天下で三時間以上もかかってしまった」と述べていたのは、四名を救出した前橋赤十字病院外科部長の饗場《あいば》庄一医師である。

さらに上野村役場から救急車で二時間近くも揺れるのは大変危険だと判断をした饗場医師は、子ども二名を再度別のヘリに乗せた。最終的に生存者四名が藤岡の多野病院に着いたのは十四時二十分と記録されている。前日の十八時五十六分二十八秒に墜落してから、すでに二十時間が経過していた。なお、生存者は川上慶子さん（十二歳）、吉崎美紀子さん（八歳）、吉崎博子さん（三十五歳）、落合由美さん（二十六歳）の四名である。

当時、スチュワーデス（注1）と呼ばれていた客室乗務員だった私は、日本航空株式会社客室乗務員女子寮、通称スカイハウス（品川区港南）に住んでおり、生存者の一人、落合由美さんと同じフロアに部屋があった。私の同期と落合さんが同じグループで親しかったこともあって、仲間と部屋で開く鍋パーティーにひょっこり顔を出してくれたこともあった。陽気でカラカラと明るい声で笑う親しみやすい先輩であった。

一九八五年八月十二日のこの日、私は明日からのヨーロッパフライトに備えて寮の食堂で夕食を取っていた。食堂のテレビでは、ＮＨＫの七時のニュースが流れていたが、突然、緊急放送が入った。日航羽田発大阪行きの飛行機が行方不明という報道であった。その時、食事をしていた全員の箸が一斉に止まった。私も背筋がひやっとしたのを覚えている。そのままテレビを見つめていた直後、スカイハウスのすべての部屋にひかれていた三百三十六台のダイヤル式黒電話のベルの音が一斉に響き渡った。それぞれの家族や友人、知人たちが心配して電話をかけてきたのである。

ジリリリリーン、ジリリリリーン……。

怒りにも聞こえるものすごい音で、外を歩く人々が建物を見上げるほどであった。一晩中電話が鳴り止まない部屋は、落合さんの部屋であった。そして事故機に乗っていた客室乗務員は、私が新人時代に仕事を教えてもらった同じグループの先輩たちだった。

二十五年経った二〇一〇年四月、私は、乗客を励ましながら最後までプロとして行動をした先輩方のこと、当時の新聞報道や資料を読み込むうちに湧き出てきた事故原因への疑問をまとめて『天空の星たちへ――日航１２３便 あの日の記憶』（マガジンランド／その後『日航１２３便墜落 疑惑のはじまり』と改題し、河出書房新社刊）を出版した。

圧力隔壁修理ミスが事故原因だと公式発表されているが、現場でこの事故に関わった人たちの中には、腑に落ちない出来事が多数あり、それが今なお心の奥底に大きな疑問となって渦巻いていることにも気付かされた。

事故原因については一部の過激な陰謀説、根拠の薄い憶測も多々あり、それがかえって再調査への道を妨げていることもある。私自身も自衛隊の誤射やミサイルという言葉すら不愉快で違和感を覚えていた。しかしながら、現場を知る人たちへのインタビューや膨大な新聞等の資料を読み込み、目撃情報や現場の証言をもとに考察を深めると、公式発表に対して違和感を覚えるようになっていった。そして、それを語るとすぐに陰謀説と烙印を押されかねない状況を感じた。もっとも、一般の人々には圧力隔壁修理ミス説が事故原因という報道しか届いていないこともあってしかたがないが、三十二年前の事故時の情報や状況にいまだに疑問を持ち続けている人たちがいることを知った以上、私の果たすべき役割はなにかを考えてきた。

逆に事実を一つずつ積み重ねていけば、新たな真実が見えてくるのではないだろうか。そう思い、墜落現場となった上野村へ行き、当時の村長や消防団の方から話を聞いた。

当時の上野村の村長・黒澤丈夫氏には、取材時にあの日の記憶を語っていただいたが、十二日の晩にすぐ墜落現場は自分たちの村だとわかり、村民にも村内放送をして情報提供を呼び掛けていたという。上野村に落ちたと政府関係者や県に連絡してもまったくテレビに反映されず、長野県の御座山《おぐらさん》や群馬県の三国山、ぶどう峠などの偽《にせ》の情報が流れていたことに怒っておられた。

また、川上慶子さんら生存者を最初に発見して救出した地元消防団の方や、歯型から遺体の身元を確定して検死を行った群馬県警察医の大國勉氏にもお会いして、たくさんの資料を見せていただき、話を聞かせていただいた。大國氏も遺体の状況に大きな疑問をお持ちだった。このように詳細に調べていくと、ますます事故調査委員会発表の事故原因は違うのかもしれないと大きな疑念を抱いた。

ちょうどその頃、日本航空が経営破たん(注2)し、負債総額二兆三千二百二十一億円というとてつもない金額で、会社更生法を申請したのである。

出版後、さらに新たな事実や目撃情報が読者などから多数提供された。

拙著をきっかけに出会った人も数多く、当時運輸大臣であった山下徳夫氏も遺族の吉備素子氏もその一人だ。

公式に発表された事故原因(注3)は、他の類似する航空機事故の事故原因と比較検討をしても辻褄の合わない部分が多く、その点について専門家の間でも多くの疑問が生じている。

誰もが納得のいく、疑問が生じる余地のないものでなければ、本当の事故調査とは言えない。

墜落現場の御巣鷹の尾根に次のような文言の石碑がある。

「日航123便で死亡した520人の犠牲者1人1人がどうして死ななければならなかったか、関係するあらゆる事実を解明し、将来の安全に役立てることこそ真の供養である（二〇〇四年八月十二日／航空安全国際ラリー組織委員会（注4）建立）」

いまだに遺族や関係者の中で「後部圧力隔壁修理ミス」という事故原因に納得をしていない人がいることに、私たちは向き合わなければならない。そして日々操縦桿を握り世界中の空を飛んでいるパイロットたちによる日本乗員組合連絡会議（ＡＬＰＡ Ｊａｐａｎ）でも、そのホームページで事故調査報告書と説明書の多くの矛盾点を指摘し、政治的決着を優先することに対して意見していることを知らなければならない。

二〇一〇年八月十二日、民主党政権下で前原誠司国土交通大臣が行政の所管大臣として初めて御巣鷹の慰霊登山に参加した。前原氏は「四半世紀の節目として、日航は会社更生法を申請し、再生途中にある。このような事故は二度とあってはいけないという思いで登山する」と述べている。

その翌年の二〇一一年七月、運輸安全委員会（注5）は、数々の疑問に答えるということで、「日本航空123便の御巣鷹山墜落事故に係る航空事故調査報告書についての解説」というものを出した。「遺族の皆様に十分な説明をしてこなかったことをお詫びする」として、文中における細かな文言の説明と、「圧力隔壁破壊がどうしたら起きるか」という結論から逆算をして導き出したともいえる専門家による「圧力隔壁説」の補強論のようなものであった。

そこには、「〇〇になるはずです」や、「（略）生存した方々が温度の低下に気付かなかったとしても不思議ではないのではないでしょうか」というような曖昧な表現が多数書かれている。この委員会は国土交通省の外局であり、二〇〇六年に独立行政委員会として設置されているものであるが、委員は国土交通大臣が任命する。

調査権限は優先的に与えられているが、その目的は再発防止のための詳細な報告や研究である。ただし、反論に関する記述や目撃情報、聞き取り調査はなく、生存者による証言の記述もほとんどなかった。政府から任命された人たちによる結論に沿って、都合のいいように書き換えている、と読み取られてもしかたがない部分が多い。この墜落原因に関して裁判が一切行われなかったこともあって、法的拘束力のない事故調査報告書や説明書は一方の主張する説を書いているにすぎないものである。事実、自衛隊機と衝突した全日空雫石事件（注６）の裁判においても事故調査報告書は、一つの資料にすぎず、事実認定では多数の目撃証言が採用されていた。

さらに日航１２３便墜落事故では、重要な証拠物である、衝撃発生時に吹き飛んだ垂直尾翼の大半が、いまだ海の底に眠っている。この解説書では、当時、ほとんど引き揚げられていない垂直尾翼周辺の部品に対する海底捜索調査についても触れているが、その捜索の結果については五ページも使って記述している。つまり「これだけやっても見つからないぐらい困難な作業だ」というような言い訳とも取れる内容と共に、「当時の調査は、入手できたあらゆる情報から残骸が沈んでいる可能性のある海域を設定し（略）一般的に行われている方法での捜索でしたが、何も発見できませんでした」と早急に結論づけた。さらに捜索するには費用が莫大で時間もかかり、確実に残骸を発見できるという保証はない、原因究明の観点からもコストに見合うほどの残骸は期待できない、と主観的なコメントを述べている。このような調査方針では詳細な事故原因究明になるはずもない。

案の定、二〇一五年八月十二日、推定飛行ルート真下とされる静岡県東伊豆町沖合二・五キロメートル、水深百六十メートルの海底にて123便の部品を発見したというニュース(注7)が流れた。水深百六十メートルといえば、発見が困難なほど深いわけでもなく、当時でも発見は容易だったはずだ。あの説明書で必死に言い訳を書いていた委員たちは、どのような思いでこのニュースを見たのだろうか。運輸安全委員会という名称そのものも偽りに見えてくるのは私だけではないはずだ。

ニュース番組では、当初からその場所に沈んでいたと思われるその物体の映像が映され、それを見た当時の事故調査官、斉藤孝一氏は航空機の部品である可能性を指摘した。また、『仮に部品だとするとＡＰＵ（注8）のまわりに取り付いているコントロールボックスの可能性がある』ということで、『こういう残骸をさらに分析することで事故の詳細が明らかになる』と述べている。元事故調査官として当然であり、とても真摯なコメントである。

それに対して、現在の運輸安全委員会は『すでに事故調査は終了しており、コメントは差し控えさせていただく』と述べた。元調査官が、さらに分析することが重要だと述べているにもかかわらず、現在の委員がこのような認識の下であるならば、二〇一一年に出された解説書もその程度だと思わざるを得ない。

なぜならば、運輸安全委員会のこのコメントは、日本が批准している国際民間航空条約（シカゴ条約）第十三附属書の第五章「調査」の項目にある「調査実施国の責任として調査の再開」を無視していることになるからである。五章十三項目に「調査終了後に、新しくかつ重大な証拠を入手した場合には、調査実施国は、調査を再開しなければならない（略）」との一文がある。つまり事故調査に時効のようなものはない。それが意味する目的は再発防止であって、調査委員のメンバーは、いつまでも証拠発見に努力し、新たな証拠物を発見した場合は速やかに調査し、それが重要かどうかも含めて再度判断しなければならないのである。

これは一体誰のための何のための事故調査なのだろうか……。

亡くなった人々に対して私たちは何をすべきなのだろうか。

このままではいつの日か、私たちは一方的な情報を鵜呑みにしたまま、123便墜落そのものも永遠に葬り去られてしまいかねない。現在までの世相を顧みるに、ますますその傾向が強くなってきていると感じる。

　私は当時を知る客室乗務員として、また、単独機として世界最大の航空機事故を起こした日本航空の関係者として、不明な点を明らかにしなければいけない、という責任感にかられた。

　その思いから三十二年も経った今日まで、一つずつ丹念に目撃情報を集め、再度資料を読み返してまとめたものが本書である。前著に書ききれなかったものや出版後に知り得た新たな情報や目撃者による新証言を得、取材などを経て書き進めた。それをもとに、残された課題への結論を述べたい。

　そのためには、「天空の星」となってしまった当事者に対して「真の供養」を行うためにも、つらい事実と向き合わなければならない。

　まず、墜落現場となった上野村で当時の様子を書き記してくれた小学生たちによる文集『小さな目は見た』（一九八五年）、中学生による文集『かんな川5』（一九八五年）

に寄せられた、合計二百三十五名による様々な目撃情報を読み解く必要がある。子どもたちのみならず、現地に出向いて捜索活動を行った消防団のお父さん、自衛隊等の捜索関係者や遺族の皆さんに、冷たいおしぼりや麦茶をボランティアで提供し、手が腫れ上がるほどおにぎりを連日にぎり続けたお母さんの話も書かれている。そして、大きい飛行機と小さい二機のジェット機が追いかけっこをしているような状態であったことも目撃したと書かれている。

実は、子どもたちと同じように、公式発表とは異なるまだ明るいうちに飛んでいる墜落前の日航機を追尾する航空自衛隊の〝ファントム（F－4EJ）二機〟を一般人のみならず、非番の自衛隊員も目撃していた。この存在にも言及しなければならない。超低空飛行していた日航機を追尾したそのファントム機を見なかったことにはできない。

その低空飛行中の日航機の機体後部腹付近に、赤色で塗っただ円か円筒形に見えるものがあった、という目撃情報が寄せられた。本書ではその目撃者にインタビューをした内容を詳細に記す。群馬県の上野村では真っ赤な飛行機が飛んでいたとの目撃情報もある。

その赤色の正体は何なのだろうか……。

次に、墜落後、ジェット機の燃料とは異なる成分のものが山中にばらまかれていた可能性についても認識しなければならない。灯油の一種であるケロシンという引火点が37℃から60℃のジェット燃料（ＪｅｔＡ－１）が、湿度の高い夏山の広大な空間にばらまかれたとしても、遺体は炭のような状態にならない。筋肉や骨の中まで完全に炭化してポロポロと取れるほどの塊となってしまった遺体に向き合った医師たちの疑問にも答えなければならない。

墜落現場にいち早く入り、生存者を発見した地元の消防団の方々は、朝まで燻《くすぶ》って燃えている所があった状況を見ている。インタビューをした際に「ジェット燃料ってそんなにすごいのか？」と聞かれた私は、安全第一のためにガソリンよりも引火点が高く、不純物も少なく、発火温度は２２０℃で灯油の一種だと答えた。すると、それはおかしいという返事だった。あの日あの時の臭いは、ガソリンとタールの混ざったような蒸した臭いだった、という。消防団の人々にとって、灯油とガソリンの臭いの区別は明確につく。カーゴ（貨物）でもジェット機にガソリンとタールの積荷はなく、そのような物質も当然のことながら機体に使用していない。

なぜ、墜落現場一面にガソリンとタールが混ざり合う臭いがあったのだろうか。

さらに大きな疑問として、重要な証拠物の圧力隔壁が現場でほぼそのままの状態で見つかったにもかかわらず、遺体収容や搬出困難といった理由で、日米合同調査の事故調査委員が来る前日の十五日に自衛隊が大型電動カッターで五分割にしてしまったのはなぜか。

一九八五年八月十七日付の『読売新聞』記事では「この隔壁は、その後の遺体収容作業の折、遺体確認と運びだしの邪魔になるとして切断され、再度調査委員が訪れた時には、亀裂と放射状の骨組みにそって細かく切り刻まれたうえ、積み重ねられていた。」と書かれている。「隔壁の破壊が飛行中に起きたのか、墜落時の衝撃で亀裂が入ったのか不明」としている。

また「事故調査委員のメンバーの一人は、墜落直後の十三日に機体後部が見つかった谷底で、おわん状の原形をほぼ完全に残した隔壁を発見。アルミ合金製の隔壁に放射状の亀裂が数カ所入っていることを確認した。隔壁はその後捜索活動の中で、エンジンカッターで切断されバラバラになったらしい。この破片は救出現場で機体の他の部分と一緒に山積みにされており（略）」（『朝日新聞』同日付）と大原則である現場保存がないがしろにされていたことが明確になった。事故調査報告書が主張する圧力隔壁破壊説は、こうやって墜落後に切り刻んだ断面をレプリカで再生して調査したにすぎない。日本航空の安全啓発センターに置いてあるものは意図的に切断されてバラバラになったものを継ぎ合わせたものなのである。

このように不審な点が多すぎるこの事故が、実は「事件」だったのではないかと疑念を抱いている方は非常に多い。

それはなぜなのだろうか……。

何十年経っても、それぞれの人たちがそれぞれの場で見たあの日の光景が目に浮かぶからだ。

そしてその無念さを心から感じるからである。

二〇一二年一月二十二日、元村長黒澤丈夫氏の上野村との合同葬儀と告別式に参列をした際、拙著『天空の星たちへ』（再刊後『疑惑のはじまり』と改題）の帯に書いていただいた言葉を思い出した。

「あの夜、上空を飛んだ飛行機の中には、事故機がこの下で燃えていると視認した者もいる。方法も技術もある。なのになぜ10時間も墜落位置を特定しなかったのか。そこに公的な責任感による位置を追究する動きや、そこが何処と特定する公的意思がまったく働いていなかった！　そう断言せざるを得ない」

村長は元海軍少佐でゼロ式戦闘機搭乗員かつ教官であったがゆえ、特に飛行機乗りとして腑に落ちない点が多かったという。

当時の中曽根康弘首相は、群馬県上野村が自分の選挙区であるにもかかわらず、静養中と称して上野村とほど近い軽井沢で水泳やゴルフなどを楽しみ、事故発生時は現場に来なかった。

それに比べて黒澤村長は、現場で陣頭指揮を執り、常に遺族側に立って親身になって対応していた。黒澤氏が亡くなる前に、私が出版後に知り得たことをまとめて、墜落前に撮られた写真や新たな証言などをお伝えして、ご本人から返事を頂いた。これで少しは村長の数々の疑問に答えられたのではないだろうか。今頃、あの世で「五百二十名の皆さんにご報告ができたよ」そう喜んでくださっていると確信している。

この本では、事故調査報告書には書かれていない事実を見つめながら、ゆがみのない気持ちで数々の疑問を解明するきっかけをつくりたい。

今年は亡くなられた方々の三十三回忌――。

遺族の方のみならず、あの飛行機に偶然乗って人生を強制的に終わらせられた乗客にとって最も知りたいことは、どうして自分たちが死ななければならなかったのか、ということではないだろうか。

そして、乗客を救うべく、経験したこともない突発的事態の中、自らの死を覚悟しながらも最後まで望みを捨てずに不時着を想定して冷静に行動した乗務員たちにとって、曖昧な結論では納得いくはずがない。若い女性たちが、憧れの制服に身を包み、はつらつと仕事をしていたあの頃が目に浮かぶ。

関係したすべての人間がそれぞれの言葉で真実を語り、納得のいく結論にたどりつくことが、天空の星となった乗客乗員への三十三回忌の本当の供養なのではないだろうか。

毎日、おびただしい数の飛行機が世界中の空を飛んでいる。過去の重大な事故を分析してあらゆる場面を想定し、未然に防ぐ努力をし続けてこそ安心して飛行機に乗れるのである。

そう思いながら、茶色に古びた当時の新聞をもう一度めくる。そこに私たちが忘れてはならない五百二十名の人生があった。

●日航123便墜落事故に関する略年表（すべて当時の新聞記事等資料による）

1978年6月2日　日本航空115便（後に墜落した123便となる機体。機体登録JA8119号機）しりもち事故（事故調査委員会が墜落の遠因とする事故発生）。

１９８５年８月12日　日航１２３便（ＪＡ８１１９号機）群馬県上野村の御巣鷹の尾根に墜落。

８月13日　朝、墜落現場特定。上野村消防団が生存者４名を発見。救出活動。

ボーイング社から調査員５名、米政府、国家運輸安全委員会から調査員２名派遣される。

８月14日　現場から遺体搬出作業開始。15時55分、中曽根首相と日航側の高木養根《やすもと》社長が首相官邸で面談。

墜落現場から、機体搬出作業。自衛隊が山頂にて後部圧力隔壁をカッターで五分割にする。まだ未調査にもかかわらず、搬出しやすくするためだ、とコメント。

８月15日　中曽根首相戦後初の靖国公式参拝。その後16時20分、東京女子医大に夫人を伴い人間ドック入り。

同時刻、ボーイング社、ＮＴＳＢ（注９）の調査団が横浜港に引き上げられた垂直尾翼を詳細に調査検証するため、横浜市金沢区の神奈川県第一機動隊を訪問。

8月16日　『毎日新聞』朝刊が「圧力隔壁の修理ミスが事故原因として有力」と報道。
9時20分NTSB、米国航空局、ボーイング社の調査団が米軍ヘリにて上野村の墜落現場入り。日米双方合同の初調査が開始された。相模湾、神奈川県などから機体破片31片を回収。ボーイング社が圧力隔壁破壊説を否定。

8月17日　ボイスレコーダーの録音の一部が公表され始める。13時43分中曽根首相、人間ドック退院。その後軽井沢町に移動して軽井沢別荘で静養。
同日午後、日米合同調査で、墜落現場で報道陣をシャットアウトして後部圧力隔壁部分を検証。

8月19日　日航がコンピュータ解析結果を発表し、河野宏明整備部長が会見。
「突風など、何らかの外からの力で垂直尾翼が折れ、それに伴い隔壁に傷がついたとも推測できる」と外的要因を強調した。

8月20日　運輸省の大島航空局技術部長が「圧力隔壁が事故に重大な絡みがある」と発言。

8月23日　現場調査を実際に行っていた運輸省の調査官は「隔壁に大穴はなかった」と発言。
8月27日　事故調査委員会が第一次中間報告を出す。
9月6日　『ニューヨーク・タイムズ』紙が、同機がしりもち事故発生後に、ボーイング社による修理ミスがあったというNTSBの見解を報道した。それ以降、日本国内の報道も一斉に修理ミスによる隔壁破壊説に傾く。
9月14日　事故調査委員会が第二次中間報告を出す。
日航の河野宏明整備部長がボーイング社の修理ミスを否定。
9月17日　事故現場にて、圧力隔壁部分の梱包作業。さらに細かく隔壁を切断する。
10月2日　ボーイング社が修理ミスを認めるような発言をする。
10月9日　事故調査委員会委員長、八田桂三氏（東大名誉教授）が辞任。理由は縁者に日航社員関係者がいたためという。後任に武田峻氏（元航空宇宙技術研究所所長）。
1986年3月28日　事実調査に関する報告審査が出る。隔壁に付着したタバコのヤニを指摘。

1987年6月19日　ボーイング社の修理ミスが原因で後部圧力隔壁に疲労亀裂が生じて破壊、それに伴う急減圧が生じたことで垂直尾翼の中を突風が吹いて吹き飛ばされたことが墜落の原因と推定される、と結論。
1988年12月1日　群馬県警が、日本航空12名、運輸省4名、ボーイング社4名（氏名不詳）の合計20名を書類送検した。
1989年1月23日　前橋地検と東京地検が合同捜査開始。東京地検が米司法省を通じ、ボーイング社への事情聴取を求めたが、拒否される。
9月15日　前橋地検、20名全員を不起訴にする方針を固める。
11月22日　不起訴処分決定。
1990年7月17日　この事件担当の前橋地検検事正・山口悠介氏は遺族に対して異例の説明会を実施。
8月12日　公訴時効成立。
10月13日　遺族が事故発生時の機内写真、及び謎の物体が写りこんだ機外写真（注10）を新聞に公表。
1995年8月27日　米国の星条旗新聞『パシフィックスターズ・アンド・ストライプス』に、当時の米軍による救出について、マイケル・アントヌッチ元中尉の証言（注11）が掲載された。

1999年11月
2000年8月7日付報道によると、この時期に航空機事故調査委員会が日航事故関連のおよそ1トンもの重要書類を断裁して破棄、焼却したことがわかった。

2010年7月10日
今なお日航機の翼の一部が御巣鷹の尾根にあるとの報道。1メートル超の破片等数十点が御巣鷹の尾根から見つかった。

2015年7月25日
米国政府が1985年の事故原因について意図的に米国有力紙に漏らしていたと、NTSB元幹部が証言した。

（注1）　スチュワーデスという呼び方は、執事やサービスという意味で使用されていた船舶のスチュワード（男性）の女性用名称で、昭和三十年代から短時間制契約社員制度になった平成六年頃までの呼び名である。一九三一年四月一日に初めて日本の飛行機に乗務した時はエア・ガールと呼ばれていた。米国では最初はクーリエ（courier）、エア・ホステスであった。現在はキャビン・アテンダント、フライト・アテンダント、キャストなど多様化している。

（注2）　一九五一年八月に発足した日本航空株式会社は、二〇一〇年一月十九日に会社更生法の適用を東京地裁に申請した。事業会社としては戦後最大であり、当時の新聞には政官業のもたれ合いと甘えの構造からくる破綻と書いてある。特殊な再生手法がと

られ、公的資金の投入は企業再生機構から用途制限の無い約三千五百億円、つなぎ融資約三千六百億円の計約七千百億円にも上り、他にも法人税減免（二〇一八年まで継続。九年間で約四千億円免除）、債権放棄等で逆に有利となり、自助努力を重ねているＡＮＡ（全日本空輸株式会社）やＬＣＣなどの経営を圧迫して競争環境に歪みが生じている。

（注3）事故原因の結論として、運輸安全委員会から発表されているものはたった八行で、『後部圧力隔壁破損によるもので起因は不適切修理と推定される』とある。この推定という言葉の不透明さを指摘したところ、二〇一一年の解説書では『断定はできないがほぼ間違いない場合に使う』と解説されている。つまり断定ではないということだ。

遺族の一人で技術的な面から事故原因を究明され、米国家運輸安全委員会（ＮＴＳＢ）のジム・バーネット氏とも交流のあった川北宇夫氏の著書によると『事故調査報告書の誤りのうち、その一部を立証するために一年以上も苦労して米国にも行った。誤りであることは世界中の最も権威ある専門家が保証しているにもかかわらず、自分たちの誤りを認められないのか、それほど面子が大切なのか。遺体の調査をやれるのは法的には事故調しかなく、これがさぼってどうするのか』というような内容で、『素人の私に致命的な誤りを指摘されて恥ずかしいと思わないのか』と著書で武田委員長を糾弾している。なお、遺族の川北氏は二〇〇九年に米国の財団法人・航空参事被災者同盟（ＮＡＤＡ）の最高賞「航空安全賞」を受賞した。ＮＡＤＡは一九九五年発足、世界中に八千人の会員を持ち、事故の遺族サポートや提言を行っている。

（注4）　航空安全国際ラリー組織委員会は、遺族の有志会8・12連絡会の技術部会が独立したもので、川北宇夫氏が中心となって活動を行っていたものである。上野村セミナーという形で企画していたシンポジウムを世界的に広めようと運輸省航空局もバックアップして、航空三社、メーカー等も参加して東京都千代田区にある学士会館にて何度か開催された。その様子は米国の新聞にも掲載され、講師には航空関係研究者、海外の事故被害者、さらに123便を担当した元NTSBのジム・バーネット氏もいた。日本に滞在中、引退後とはいえバーネット氏が遺族と共に御巣鷹の尾根に登山したことは大変意義があったと思われる。シンポジウムで用意した原稿以外に私的な言葉で話をして、あの山で精神的な霊的体験をした、と語った言葉が今日、登山入口の石碑に刻んである。

（注5）　運輸安全委員会は、一九八五年当時は航空事故調査委員会（一九七四年〜二〇〇一年九月）で、それをもとに航空・鉄道事故調査委員会（二〇〇一年十月〜二〇〇八年九月）、さらに海難審判庁の一部も統合して事故原因究明、再発防止、被害軽減策を論じる国土交通省の外局として設置された。123便の事故調査報告書は日本で発表する前に、全文を英訳してNTSBに提出してバーネット氏の署名を持って開示されていたものであると遺族の川北氏は語っている。

（注6）　全日空雫石衝突事件は一九七一年七月三十日、自衛隊の訓練機二機編隊（隈太茂津教官、市川良美訓練生）が千歳発羽田行き全日空B727－200型ジェット機に空中衝突して乗客百五十五名、機長、副操縦士、航空機関士各一名、スチュワーデス四名、

合計百六十二名全員が死亡し、自衛隊員は脱出用パラシュートで助かった事件である。盛岡地方裁判所による判決は業務上過失致死、航空法違反で教官の被告人隈太茂津に禁固四年、訓練生の被告人市川良美に禁固二年八か月というものであった。仙台高等裁判所は、被告人隈太茂津は禁固四年、被告人市川良美は無罪とし、最高裁判所にて被告人隅太茂津は禁固三年、執行猶予三年となった。

判決では教官の訓練機周辺の見張り義務違反と千歳から羽田へ向かう民間ジェット機等の常用航空路（ジェットルートＪ11Ｌ）に自衛隊機が侵入したか否か、全日空機の航路のずれなどが論点となった。注目すべき点は、仙台高裁の裁判記録に多数の目撃情報が記載されていることで、目撃情報と事故調査報告を比べて見て検討を重ねている。その目撃者は小学校教諭、建設業者などで、十二歳の小学生も含まれている。一例をあげると、小学校六年生の子どもの証言では「岩手山の頂上東側から南へ向かって飛行機が飛んで来た。（昼間の）真正面のお月さんの下まで来たところ、白い煙を吐いた。それから一回転したように見えた」など詳細に記載されている。この裁判では目撃証言の信ぴょう性を、子どもゆえに否定するという見解ではなく、むしろ尊重している。小学生の証言も重要な証拠の検証として採用されることがわかる。

航路について盛岡地裁では「事故調査報告書によって書かれた全日空のフライト・データ・レコーダ記録の解析による航跡、及びこれをもとにした接触位置の推定は直ちにこれを正確なものとして採用する訳にはいかない」と、事故調査報告書及び証人の専門家二名の供述の著しい齟齬を指摘している。従って事故調査報告書が常に完全ではない、ということになる。

なお、事故調査報告書の扱いについては、事故の真相究明を目的として犯人捜しではないことは周知のことだが、この報告書も裁判における一つの資料にすぎない。これにとらわれる必要はない、ということが裁判記録から読み取れる。

これは私見だが、事故調査報告書はＩＣＡＯ（国際民間航空機関）シカゴ条約によってなされるものであるが、それは民間航空機における事故再発防止を目的として、罪を恐れずにすべてを明らかにするといった趣旨であり「高度に訓練を受けた職業人であっても事故が発生した」ということが前提である。しかし、雫石事故の被告人は自衛隊という公務員であって、それも軍用機の練習中という大変危険を伴う飛行中の事故である。これは民間航空機の飛行とは異なり、安全基準もさらに厳しくあってしかるべきである。従って刑事事件において、事故調査報告書の扱いも議論の次元も異なるべきだと考える。

なお、遺体確認においては、結果的に死亡者百六十二人中七人の遺体取り違えが発生した。

当時の防衛庁長官はこの事故の三週間前まで中曽根康弘氏であった（一九七〇年一月十四日〜一九七一年七月五日）。次の防衛庁長官となった増原恵吉氏は就任わずか二十八日で引責辞任に追い込まれた。

（注７）二〇一五年八月十二日テレビ朝日系ＡＮＮニュースにて、ＡＮＮが情報公開請求で得た資料から残骸が沈んでいる場所を特定して海底の調査を行った結果、相模湾

の静岡県東伊豆町沖合二・五キロメートル、推定飛行ルートの真下、水深百六十メートルで日航機の残骸を発見した。カメラが映し出したものは、一・五メートルから二メートルほどのAPU（機体後部の補助動力装置）周辺のコントロールボックスのようなものだと推定されている。まさに目撃者がバーンという音を聞き、同時刻にスコーク7700を出した地点である。

（注8）APU（Auxiliary Power Unit）は、ジェットエンジン始動に必要な圧縮空気を送り込むための補助動力装置で、小型のエンジンである。ちょうど飛行機のおしり部分で熱風を吹き上げているところで、機内のエアコンや空気、水タンクに圧力をかけて水が使えるようにする。発電も可能で地上設備が何もない場所への着陸も飛行機の燃料を使ってエアコン、電源、設備使用が可能となる。123便ではこの部分が最初に吹き飛んだとされている。

（注9）NTSB（National Transportation Safety Board）国家運輸安全委員会は、米国の輸送関係の事故調査、原因究明による対策と研究、事故防止を目的とした完全独立国家機関である。

（注10）機内写真、および謎の物体が写りこんだ機外写真は、この事故関連の本や新聞、週刊誌等で公開されている。拙著の『天空の星たちへ』（再刊後『疑惑のはじまり』）では、四ページに機内写真、その下に窓枠から機外写真を掲載している。この窓枠写真の黒点を拡大コピーしてもオレンジ色に変化するのがわかる。（Kindle版も参照）

（注11）マイケル・アントヌッチ元中尉の証言は、一九九五年八月二十七日付『パシフィ

ック・スターズ・アンド・ストライプス』（星条旗新聞）に大きく掲載された。あの日、撤退命令が出ていなければ日航１２３便事故の二時間後に米海兵隊は生存者を救出できただろう、という衝撃的な内容であった。それは「１２３便がレーダーから消えた後、自分たちはまだ二時間は飛べる燃料があったため、いち早く現場上空に行き、十九時十五分にはすでに墜落場所を発見してその位置情報を横田基地に伝えた。私たちは米海兵隊のヘリコプターを墜落地点まで無線で誘導した。米海兵隊の救援ヘリが二十時五十分に地上の様子を偵察するために降下中なのを視認した。二十一時五分、墜落地上空から乗員を降下させようとしていたが煙と炎がひどく着陸できないと連絡してきた。そこで位置を移動して、乗員を地上に降下させようとしたその時、日本側の救難機が来たからという理由で即刻基地に帰還せよという命令があり、しかたなくヘリは引き揚げた。アントヌッチ氏が日本の救援機を最初に見たのは二十一時二十分、安心してその場を引き揚げて横田基地に帰還して報告をした。ジョエル・シルズ大佐から『ご苦労だった。このことについてマスコミには一切他言無用』と命ぜられた。そして翌日、一晩中墜落場所不明という報道に愕然とした」と、退役後に自分の経験を語ったものである。アントヌッチ氏は正確な位置を出して、米海兵隊のヘリコプターを誘導し、日本の救援機も確認して帰還したにもかかわらず、一晩中墜落場所不明ということになり、あの事故機発見がそれほど困難であっただろうか、と大きな疑問を投げかけた記事である。

第一章　一九八五年八月十二日の記録

おびただしい数の棺桶が並ぶ藤岡市民体育館。
身元確認作業は深夜まで続いた

1　スチュワーデスの視点から

二〇一〇年一月十九日、日本航空株式会社は倒産した。再生した現在の日本航空の社員の中で一九八五年の事故当時を知る人間は非常に少ない。あと数年すれば、すべての社員にとって生まれる前か記憶にない出来事と化してしまう。社員教育の一環として、日本航空安全啓発センター（注1）で話を聞くにしても、その時を経験した者にしかわからないリアリティがなくなっていくのはどうしてもしかたがないことかもしれない。

毎年、墜落日前日の八月十一日に行われる上野村神流川《かんながわ》での灯籠流しに参加した時も、村の縁日のような雰囲気と化してきていることは否めないと感じた。その夜遅く、地元の食堂で食事をした時、隣で宴会をしていた報道関係者は二十代、三十代の若者たちで、事故原因について疑問すら持っていないようであった。その言動からも単に恒例行事の取材に来ただけ、という感じであった。これではとても「真の供養」などできやしない。風化を防ぐには、絶えず言い続けなければならないと強く思った瞬間であった。

今、静かに目を閉じてみる。
心に浮かぶ顔は、活き活きと仕事をこなす制服姿の先輩たちである。

当時、スチュワーデスは憧れの職業として常に就職希望職種の上位を占めていた。初めて日本航空の制服を身につけた日を思い出す。鶴丸を正面につけたこんもりとした型の帽子を目深にかぶり、金ボタンの付いた紺色のニットのワンピースに紺、赤、白のスカーフをさらりと巻く。JALとロゴの入った真っ赤な革のベルトを締め、濃紺のストッキングとヒールのある革靴を履くと、そこにはスチュワーデスに変身した自分の姿があった。

華やかに見える職業であったが、保安要員としての仕事は表向きの旅客サービスとは異なる。緊急脱出や突発的事故に対する訓練は真剣そのものであった。

一九八五年は、まだ一般企業に勤める女性の多くが嫁入り前の腰掛け仕事と言われ、正社員でも男性による業務の補佐的な存在であった時代である。そのような社会的認識の中、女性でもチーフパーサーとして管理職になれるこの仕事は、たとえ両親が反対したとしても、自分の生き方を貫きたい女性たちにとってやりがいのある仕事であった。そのせいか、一本筋の通った姉御的存在の先輩たちが多かったと記憶する。

当時の旅客層(注2)についても現在とは異なる。政府専用機がなかった時代、日本航空は政府が三分の一の株式を持つ半官半民組織であったため、ナショナル・フラッグ・キャリアとして、天皇皇后両陛下、首相の海外歴訪時は特別機として運航乗務員、客室乗務員が特別に編成された。ファーストクラスの乗客には、いつも日本のトップ企業の社長など各方面でＶＩＰと呼ばれる方々がお乗りになっていた。客室乗務員として、気品ある振る舞いや言葉遣い、知性と教養が特に求められ、訓練所の授業も多岐にわたり、マニュアルも今より分厚いものであった。

国内線の東京発大阪行きは、新幹線の時刻との兼ね合いで、東京で仕事を終えて飛行機で帰る大阪在住の芸能人が多く、１２３便や次の１２５便（最終便）は芸能フライトと呼ばれていた。あの日の１２３便にも国民的スター歌手の坂本九氏が搭乗していたことは周知のことである。当時はまだ45・47体制（注3）という航空政策であったため、日本航空は幹線（札幌、東京、大阪、福岡、沖縄）のみの国内線とすべての国際線、全日空は国内幹線とローカル線及びチャーター機による一部国際線、東亜国内航空（注4）は地方ローカル線と、それぞれが路線を分担して運航していた。

私が日本航空で大空を飛んでいた八〇年代はこのような時代であった。

事故の前年、国際線に移行していなかったら、おそらく１２３便で墜落事故に遭遇していた可能性は高い。同じグループで仕事を教えてもらった先輩たちと一緒に飛んだ日々を想い出す。

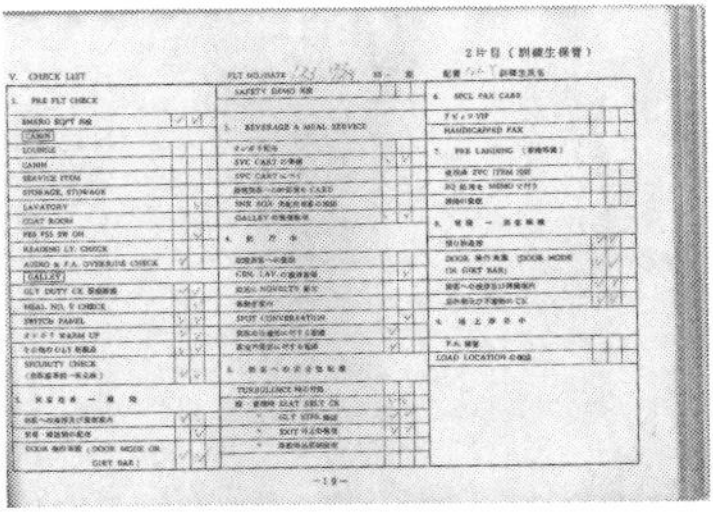

初フライトで乗務した123便の訓練生用ノートブック

著者が対馬さんに撮ってもらった写真

事故機のＪＡ８１１９号機にも何度か乗務した記録がフライトブックや手書きのアロケーションチャートの青焼き印刷用紙で、今も私の手元に残っている。

墜落機がまだ活躍していた頃、８１１９という機体番号がくっきりと焼き付いている上の写真（ネガフィルムプリント・無修正）は、やっとＯＪＴ（実機実務訓練）が終わって一人前となった頃のもので、あまり制服が板についていないような気がする。めったに開けることがない左側最後尾Ｌ５ドアの機外に接続された搬入用タラップに立ち、Ｌ５でアナウンスを担当していた対馬祐三子アシスタントパーサーに撮っていただいた写真である。同じグループに所属していた私は、初フライトでアナウンスの基本を教えてもらった。彼女は、１２３便の事故で最後のアナウンスをして亡くなった。

レンズの向こう側に亡くなった対馬さんの笑顔が浮かぶ。なお、私の初フライトの便名は１２３便であったが、これ以降、永久欠番となってしまった。

三十三回忌の今年――。

昔の制服姿の写真と向き合いながら、最期まで乗客を救うべく努力した若い彼女たちの無念さをどうしたら多くの人たちに伝えられるかを考え続けた。

一体、あの日の機内の様子はどうだったのだろうか……。

羽田から大阪伊丹空港に行く便は普段から常に満席率の高い人気の路線であった。私も月に何十回も乗務しており、業務内容はいつも分刻みで決まっている。私自身がこのグループに所属していた時、日常的に先輩方と話をしていた会話をもとに、あの日を再現したら、何かがわかるのではないだろうか。当時の新聞などの資料をもとにして再現してみたら、亡くなった皆さんの気持ちが伝わってくるのではないだろうか、そういう思いに駆られた。

墜落までの約三十二分間、客室内を担当していた客室乗務員たちの心情はどのようなものであったのだろうか。

恐怖心と戦いながら、不安を感じさせないように決められた緊急脱出に向けて業務をこなし、冷静に振る舞った彼女たちの胸の奥に想いを馳せてみたい。

一九八五年八月十二日（月）、晴天で最高気温三十一・五度、湿度七十パーセントの蒸し暑い一日だった。航空会社にとっては、明日からお盆という夏の繁忙期突入前夜のこの時期は、東京発のすべての便が満席となり、地方から東京行きの便はガラガラという、非常に偏った搭乗の状況であった。

子ども連れやちびっこＶＩＰと呼ばれるお子様一人旅は、出入り口に近く、禁煙席の前方Ｂコンパートメントに座ってもらうことが多い。一応禁煙席と喫煙席に分かれてはいたが、それは単に座席の背もたれにマジックテープで貼り付ける『ここから禁煙席、こちらから喫煙席』と書かれたプレートをその時の状況に合わせて移動させるものであって、禁煙席を希望しても後ろの席から煙がモクモクくるようなお粗末なものであった。特にお盆にかかると、最後部のＥコンパートメントはすべてが喫煙席となり、フライト中は、機内の後方がタバコの煙で霞んで見えないほどであった。国内線ジャンボジェット機（Ｂ７４７－ＳＲ）の二階席は比較的静かに過ごしたいビジネスマンや芸能人が希望し、実際に１２３便では歌手の坂本九氏が座っていた。

当日、１１９Ａグループの客室乗務員のスケジュールは、福岡ステイ（福岡西鉄グランドホテル宿泊）から始まり、福岡から東京、そして大阪ステイで、ホテル日航大阪に泊まる予定だった。福岡発東京行き366便（十五時三十分福岡発十七時羽田着）には、山下徳夫運輸大臣が乗っていた。

二階席に座った山下運輸大臣は、そのコンパートメントを担当している木原幸代アシスタントパーサー（以後ＡＳ）の顔をしっかりと覚えている。木原さんから「お孫さんにどうぞ」と、飛行機のプラモデルをもらったからである。

着陸後、すべての乗客が降りた後に忘れ物チェックが行われる。早速、次の十八時発の123便大阪行きとして限られた時間で作業が始まる。

123便の乗客数は五百九名（日本人四百八十七名、外国人二十二名）、なおそのうち日本人は大人が四百三十二名、子どもが四十三名、幼児が十二名でビジネスマンやお盆の帰省客でほぼ満席状態である。

運航乗務員は高浜雅己機長（四十九歳）、佐々木祐副操縦士（三十八歳）、福田博航空機関士（四十六歳）の三名、客室乗務員は、国内客室乗員部119Aグループの波多野純チーフパーサー（三十九歳）をはじめ、木原幸代（三十歳）、赤田真理子（三十一歳）、藤田香（二十八歳）、宮道令子（三十歳）、対馬祐三子（二十九歳）、吉田雅代（二十七歳）、海老名光代（二十八歳）の各アシスタントパーサー、白拍子由美子（二十五歳）、大野美紀子（二十六歳）、大野聖子（二十四歳）、波多野京子（二十四歳）

の各スチュワーデスが乗務となり、乗員の十五名を足すとこの便の合計は五百二十四名となった。搭載の貨物量は四千四百六十三キログラムと、犬が一頭カーゴ扱いで乗っていると地上係員から報告があった。

機内外の整備確認、清掃担当者による清掃、おしぼりやジュース、スープ等を搭載するカートの搬入が急いで行われた。クルーミールと呼ばれる和食、洋食のＢＯＸ弁当も乗員の人数分搭載され、Ｒ２（機首に向かい右側二つ目ドア担当者）の大野聖子スチュワーデス（以後ＳＳ）が確認する。このＲ２担当はギャレー業務となり、その便の乗務員の中で新人が担当する場合が多い。乗客数に合わせて搭載品の確認が済むと、機内にて機長、副操縦士、航空機関士と客室乗務員全員が飛行ルートや乗客の情報などを確認するブリーフィングが行われる。それぞれが担当するコンパートメントごとに自己紹介をしてエマージェンシー担当区域の確認をする。

このフライトの担当配置は次頁図のとおりであった。

「ボーディング五分前です。セキュリティチェックを開始してください」

チーフパーサーのその声によって、地上で仕事をする人たちは一斉にさっと降りていく。運命共同体の乗務員だけで、担当コンパートメントのあらゆる場所をチェックする。異常はないか、緊急脱出を想定して不備はないか、不審物がないか、爆弾は仕掛けられていないか、客室のみならず、トイレやギャレー（台所）など、収納場所を

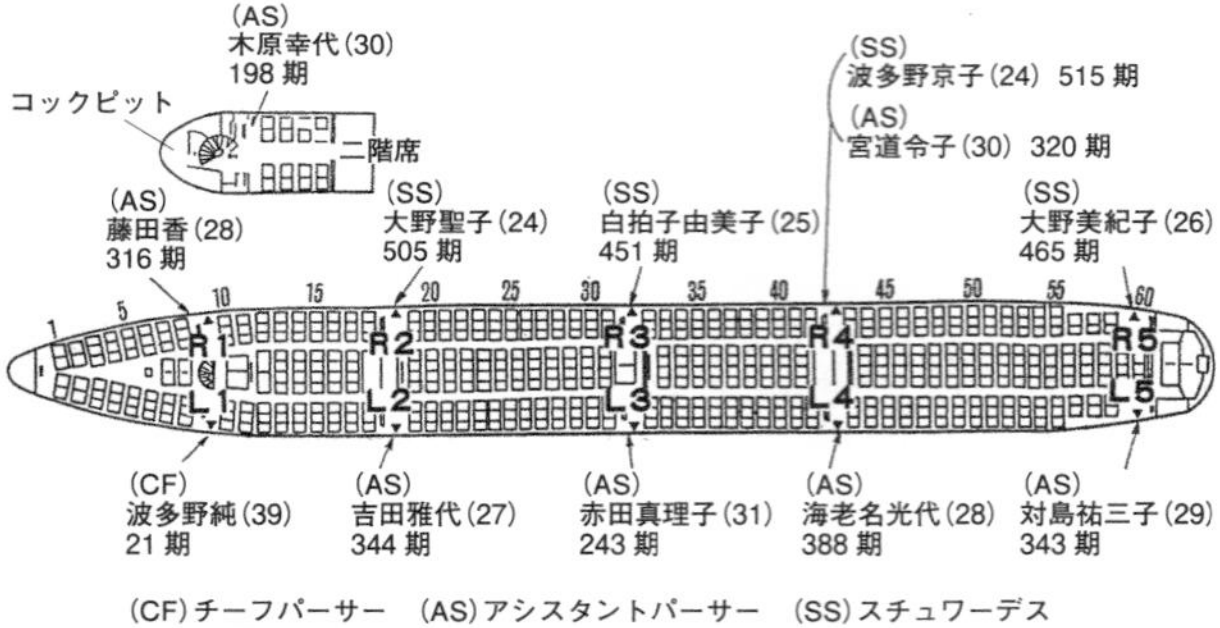

乗務員配置表（敬称略） 表記および略称はすべて当時の社員名簿による
期は入社年度による訓練の区分け

すべて開けて自分の目で確認をする作業だ。これには先輩も後輩もなく、安全に飛行できるように自分の責任で行われる。

東京大阪の便で満席の場合、フライト中に客室でおしぼりやジュースを配る時間は二十分もない。その場合、チーフパーサー（以後ＣＦ）の判断で地上にて先におしぼりを配っていたこともあった。この日は天候もよく気流も安定しているため、少し早めにシートベルトサインをオフにするという機長の判断もあっただろう。とにかく限られた時間内に安全にお飲み物サービスを終えることが客室乗務員の役割であった。この便では、プリセットされたカップ入りのりんごジュースが全員に配られる。当時の国内線はどの路線でも全員にお飲み物サービスを行っていた。

波多野CFのボーディングアナウンスの後、各コンパートメント担当者がドア付近で乗客の前に立ち、緊急時の注意事項、非常口の場所、ライフベストの着用についてデモンストレーションを行い、終了後に深々と礼をする。その後足早に担当区域の乗客の安全を確認するため、ハットラック（荷物収納場所）の確認や離陸に備えてシートベルトチェックを行う。前方ギャレー担当の大野聖子SSと後方ギャレー担当の波多野京子SSは、カートの固定状況やラックのストッパー（飛び出し防止用具）を確認してASに報告をする。それぞれのドアモードをオートの位置に変えて全員がチーフに報告すると客室内の出発準備が整う。

123便は定刻よりも十二分遅れて、十八時十二分に羽田空港を飛び立った。最後尾の左側ドアL5を担当する対馬祐三子ASは、機内アナウンスの担当者である。

いつも離陸のアナウンスをした後、腕時計で離陸時刻を確認してメモを取る。最も危険な魔の時間、クリティカルイレブンミニッツ（注5）の離陸直後三分が過ぎ、気流も安定していることから禁煙のサインはすぐ消えたと思われる。東京大阪の路線は、タバコを吸う人が多かったことから、キャプテンは、なるべく早く禁煙のサインを消していた。「喫煙が可能だ」という内容のアナウンスをする。ギャレー担当者は、まだシートベルトサインがオフになっていないが、注意をしながらサービスの準備を開始する。

相模湾上空で徐々に水平飛行に入り、シートベルトサインが早めにオフとなったと推定する。生存者の川上慶子さんの証言と私の経験を合わせると、客室担当が、お子様向けの飛行機のおもちゃやぬいぐるみ、人形などを配っていたのが十八時二十分頃だと思われる。

その最中、乗客で最後尾Eコンパートメントの座席番号56Gに座っていた小川哲さん（四十一歳）と、そのご家族は、離陸直後から窓の外の写真を何枚か撮っていた。まず離陸直後の羽田空港沖の風景写真、次に斜めになった窓からの風景が数枚あって、次に新聞や雑誌にも公表されている窓枠が水平になった写真（おそらく通路にて撮影）が一枚ある。遠くに富士山のシルエットと、下に相模湾の曲線がくっきりと見えて美しい風景写真に見えるが、黒点が入り込んでいる。その写真は拙著『天空の星たちへ』のカラー口絵に掲載している。

数分後、56H・Kに座っていた娘の知佐子さん（十歳）と妻の昌子さん（四十一歳）が窓の外に何か変なものが見えると言っている。妻と娘が指差す方向を見ると、何やらオレンジ色のような物体が近づいてくるように見えたので撮ったと思われる。西日に輝く夕暮れまでにはまだ早かった。「あれは何だろう、鳥ではないなあ」と、不思議に思いながら通路に立って、その飛んでいる物体を真ん中に捉えてシャッターを押したに違いない。その後の酸素マスクが降りた機内状況の写真も公開されている。

通路を隔てて57Gに座っていた非番の竹内芳子SS（二十三歳）は、チェックアウトして九か月しか経っていない国際線の客室乗務員である。

彼女はホノルルからの乗務を終えて大阪の実家に帰る途中だった。やっと六か月間の新人チェック期間（OJT）を無事に終えて一人前になったばかりである。その時、またシートベルトサインがオンになったと思われる。

アナウンス担当の対馬ASが、シートベルトサインオンのアナウンスをしようとした時、急に座席から立ち上がり最後部のトイレを目指して歩いてくる乗客がいたと思われる。どうしてもトイレに行きたいということで、キャプテンに客室からインターフォンのコールで確認したのではないだろうか。当時、シートベルトサインオン時は速やかに座ることと教えられており、緊急時のトイレのみ乗客の使用許可を得ることを先輩から教わったからである。

ボイスレコーダーには次のように記録されている。

18時24分12秒　スチュワーデス「（…………）たいとおっしゃる方がいらっしゃるんですが、よろしいでしょうか」
24分15秒　副操縦士「気を付けて」〔極度の緊張状態を記録〕

24分16秒　航空機関士「じゃ気を付けてお願いします」
24分17秒　副操縦士「手早く」
24分18秒　航空機関士「気を付けてください」
24分35秒　ドドーンドンという衝撃音
　　　　　Eコンパートメントでは「パーン」という高めの音

　また十八時二十四分三十五秒の「ドドーンドン」という衝撃音の直前に、コックピット内の会話で判読不明の言葉がある。それが「あぶない、まずい」という声が入っているとの報告もある。

　なお、後に公開されたボイスレコーダーの記録だが、雑音がひどい部分はクリアに聞き取れないとして空白のままであり、さらにプライバシーに関わる部分を除いたとして、一部のみ発表されている。ボイスレコーダーはそのすべてを公開することで事故防止につながるため、その前提で記録をしている。それでなければ本当の意味で事故原因を究明できず、すべてを公表しないと意味がない。当然、運航乗務員のプライバシーは考慮する必要がないのが常識である。ましてや平時ではなく事故時であり、そのために録音されているのだ。

衝撃音後、六秒足らずで通常ではすぐに使用しない緊急コード「スコーク7700（注6）」を発信している。このコードを機長がなぜ選んだのかについても疑問が多く出ている。

機体の最後尾Eコンパートメント56Cに座っていた非番の客室乗務員の落合由美AS（二十六歳）は、かなり大きなパーンという高めの音を聞いたと証言している。ピストルを撃ったように響く音だったという。自分の席の後ろの天井あたり（機首に向かって左側後部側面上部、最後尾トイレ付近の壁上部）から聞こえたように思ったが、振動は感じず、揺れもなかったと記憶している。酸素マスクが自動的に落ち、録音されたアナウンスが自動的に「ただ今緊急降下中」と流れたが、耳は多少詰まった感じで痛くなく、それほどの急降下は体に感じていなかった。一瞬白い霧が発生したが、まもなく消えた。ハットラックという頭上の荷物収納扉が開くこともなく、機体の揺れはほとんど感じなかったため、各スチュワーデスたちは持ち場のお客様の様子を確認し、酸素マスクをつける手伝いをしながら、通路を歩いていたことが遺族提供の写真からもわかる。落合さんの目には、前方スクリーン左横でL4担当の海老名光代ASが通路に立って酸素マスクの着用の仕方を乗客に教えている姿がうっすらと見えたが、その霧も数秒で消えたという。

Bコンパートメントには仕事を終えて実家の愛媛に帰る途中の松本亜規子SS（二

十一歳）が乗っていた。入社して一年ほどの松本さんは、千歳から東京まで同じグループの先輩の落合さんと一緒に乗務した後、すでに予約を入れていた十七時発の121便にて大阪へ行き、関西汽船で四国に渡る予定だったが、変更してこの便に乗ったと両親が語っていた。

最後尾Eコンパートメントの右側R5ドア担当の大野美紀子SSは、落合さんの言うように後方トイレ上部の壁が外れ落ちているのを見つけたはずで、外れた向こうにはひらひらとした布が見えた程度で、気流の乱れもなかったと確認していると思われる。このR5のドア付近の状況を大野美紀子SSはコックピットへコールしてみたが、あまりうまく伝わらなかったのかもしれないと思われる応答がボイスレコーダーから推定される。

アッパーデッキ（二階席）担当の木原ASは、ドア一枚隔てた向こう側のコックピット内で、何が起きているのか聞きに行ったのか、または緊迫した状況で持ち場を離れると何らかの支障が出るのではないだろうかと迷っていたのかもしれない。次に考えることは、突然の緊急脱出の場合に備えて頭の中でシミュレーションを行うことである。満席や緊急下降中は下の階に移動は出来ない。この二階席からスライドで脱出する場合は、地上七・七メートルの高さで斜度四十三度となる。足がすくむような状況だが、担当区域の乗客を見渡すと、若い女性が二名、他は二十代から五十代の中年の男性が十三名、六十代が一名と把握したはずだ。

R3担当の白拍子由美子SSは乗客たちが何かを書いているのを見ていたのではないだろうか。白拍子SSにとって、目の前の乗客を一人でも救うことが仕事とはいえ、正直言って自分も何か書き記したいという気持ちになったかもしれない。

20Hの松本圭市さん（二十九歳）が、水色のノートを取り出し、ボールペンで遺書のようなものを書いていた。

『PM6・30　知子　哲也（両親を）たのむ　圭市
突然ドカンといってマスクがおりた
ドカンとい（っ）て降下はじめる。しっかり生きろ
哲也、立派になれ』＊（　）は新聞報道による補足

さらに、その後ろ二人目22Hでも河口博次さん（五十二歳）が上着の内ポケットから社員手帳を取り出して七ページにわたって書き記した。隣の席22J、22Kには、イタリアから来たモローニさん親子が座っていた。

『マリコ　津慶　知代子　どうか仲良く　がんばって　ママをたすけて下さい
パパは本当に残念だ　きっと助かるまい　原因は分らない　今5分たった
もう飛行機には乗りたくない　どうか神様たすけて下さい
きのうみんなと食事したのは　最后とは
何か機内で爆発したような形で煙が出て
降下しだした　どこえ（へ）どうなるのか　津慶しっかりた（の）んだぞ
ママ　こんな事になるとは残念だ　さようなら
子供たちの事をよろしくたのむ　今6時半だ
飛行はまわりながら急速に降下中だ　本当に今迄は幸せな人生だったと感謝している』＊（　）は新聞報道による補足

十八時三十分過ぎた頃から、徐々に降下してきた飛行機はゆっくりと左右に大きく旋回しているような動きとなった。スローな動き方で左右に大きく傾く。右側に大きく傾いた時、R４担当の波多野京子ＳＳと同じクルーシートに座る宮道令子ＡＳは窓の外に高速道路や新幹線の線路が見えるほど、低い高度であることに気付いた。「まもなくどこかに着陸するのかもしれない」と、二人は顔を見合わせた。オールコール（急用の場合にコックピットと全乗務員席の電話が同時につながること）はないが、担当区域の乗客に対して、ライフベスト（救命胴衣）の着用を開始した。波多野京子SSは初フライトを一月に終えてOJTを無事に終了したばかりである。ギャレー担当だったが、宮道ASと一緒にキャビンにて、「座席下にある黄色い救命胴衣を取り出してください」と乗客に指示したと思われる。これらは落合さんの、前のコンパートメントからも救命胴衣着用の声が聞こえてきた、という証言による。

それにしても、なぜこんな事態になったのか。今ここにある現実は訓練ではない。その事実がもたらす恐怖心が湧き出てくる。その気持ちと葛藤しながら仕事を成し遂げることだけを考えたに違いない。

中央部Cコンパートメントの29Bに乗っている白井まり子さん（二十六歳）は、結婚前は日航の成田貨物支店勤務の地上職員だった。日航の時刻表裏側に青いボールペンで殴り書きのように乱れた文字で、両親、夫、義理の姉、めいの名前の横に次のように書いた。

『恐　恐　恐　（まりこ）
死にたくない……気持ちが悪い　助けて』＊（　）は新聞報道による補足

十八時三十分に遺書を書いた人が多い。最後尾Eコンパートメント、48Cの谷口正

勝さん（四十歳）もその一人だ。座席に備え付けの防水紙袋に鉛筆で、

『まち子　子供よろしく　大阪みのお　谷口正勝　6・30』

と書き、洋服のポケットにしまいこんだ。

その後ろ五人目53Cに座っていた吉村一男さん（四十三歳）は、社用の便箋らしい紙に、ボールペンにて次のように走り書きした。

『しっかり生きてくれ。（二人の子供を）よろしく頼む』

＊（　）は新聞報道による補足

その紙を会社の茶封筒に入れた。このフライトには、福岡行きの直行便が取れずにしかたなく乗り、その後大阪から福岡行き二十時十五分発３２７便に乗り継ぐ予定だった。

48Dの村上良平さん（四十三歳）は、工事関係の書類を入れた社名入りの茶封筒

(縦三十センチ、横二十センチ)の表と裏にボールペンで書いた。

『(紙袋表)機体が大きく左右にゆれている。18・30　急に降下中
水平ヒコーしている　日本航空18・00　大阪行事故
死ぬかもしれない　村上良平　みんな元気でくらして下さい
さようなら　須美子　みき　恭子　賢太郎
(紙袋裏)18・45　機体は水平で安定して　酸素が少ない気分が悪るい
機内よりがんばろうの声がする　機体がどうなったのかわからない
18・46　着陸が心配だ　スチュワーデスは冷せいだ』

＊( )は新聞報道による補足

その担当区域の対馬ASや大野SSは、乗客からの「大丈夫か」「どうなるんだ」「助かるのか」といった質問に対して、

「絶対大丈夫です。私たちはそれなりの訓練も受けていいます。絶対大丈夫です」と答えていた。その言葉のおかげでパニックにはならなかったが、彼女たちの顔も緊張して笑顔などはなかったと落合さんは語っている。

救命胴衣を全員がつけている間、対馬ASは最後のアナウンスをしていた。

「……もうすぐ……赤ちゃん連れの方、背に、頭を、座席の背に頭をささえて……赤ちゃんはしっかり抱いてください。ベルトはしていますかテーブルは戻してありますか？

確認してください。……の際は、あの予告なしで着陸する場合が……

管制塔からの交信はちゃんとつながっております。えー、その他……」

そして対馬ＡＳは最後尾の空席に座り、赤い布カバーの手帳を取り出すとメモをした。

乗務の時にいつも持ち歩いていたその手帳は、横十センチ、縦二十センチほどで、脱出用スライドラフトの基本動作や酸素マスクの使い方、各空港や航空機の特徴などが書いてある。日航の訓練所で習った分厚いエマージェンシーマニュアルも表紙が赤であったが、それと同じように赤を選んでいた。三ページにわたり、ボールペンで避難誘導の要点を日本語と英語で乱れた文字で急いで書いた。一瞬、結婚したばかりの夫や両親の顔が浮かんだが、この手帳にプライベートなことを書くのはためらったのかもしれない。一切、私的な記述はなかった、という。きっと最後までプロとして仕事を成し遂げなければならないという思いだったのだろう。

全文は以下のとおりである。

『おちついて下さい　ベルトをはずし　身のまわりを用意して下さい　荷物は持たない

指示に従って下さい。↓PAX（乗客を表す客員乗務員の専門用語）への第一声

各DOORの使用可否　機外の火災C'K

CREW間C'K↓再度ベルトを外した頃

ハイヒール　荷物は持たないで

前の人2列　ジャンプして　Jump and sit

機体から離れて下さい　Go to safe area

ハイヒールを脱いで下さい

荷物・物は持たないで下さい

年寄りや体の不自由な人に手を貸し

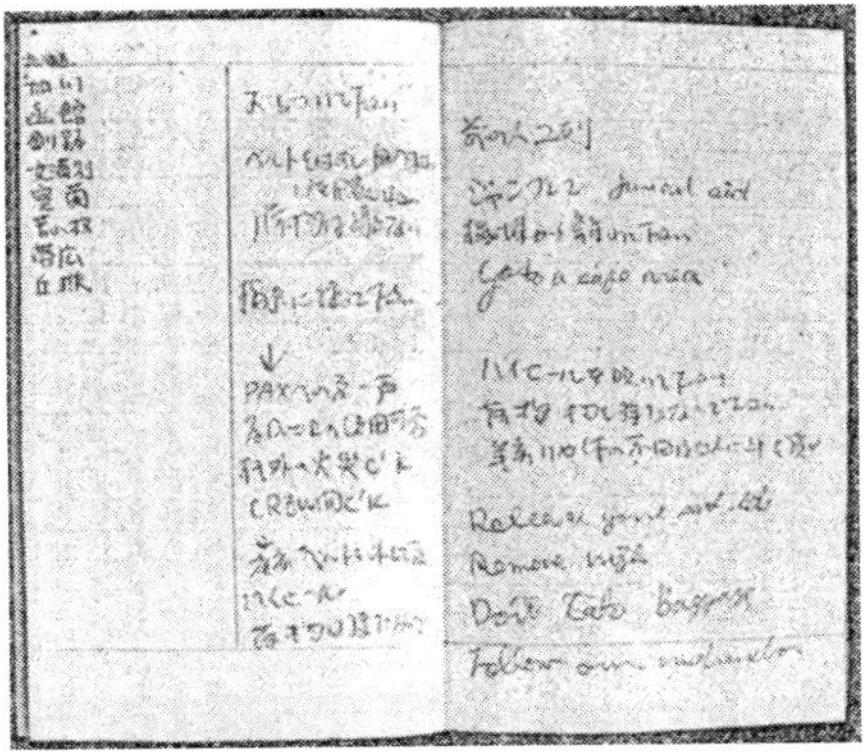

非常時に対処する心得などをメモしたノート
（『毎日新聞』1985年9月10日より）

Release Your seat belt Remove high（heel）
Don’t take baggage follow our instruction
火災　姿勢を低くしてタオルで口と鼻を覆って下さい
前の人に続いてあっちへ移動して下さい

Low position with a towel covering and mouth』＊（　）は新聞報道による補足

次第に揺れが大きくなって急降下する中、安全姿勢をとるようにスチュワーデスたちが次々と叫び始めた。

「足首つかんで、頭を膝の中に入れる！

全身緊張！　頭を下げて衝撃に備える！

頭を下げて、頭を下げて、全身緊張！」

それぞれの客室乗務員が発する大声が、機内に響きわたる。

この時は通常では考えられないほどの大きな声を出して命令口調で叫ぶ。

お願いする口調ではない。

笑顔もない。

サービス要員としての言葉が消えた瞬間であった。

十八時五十六分二十六秒　墜落音　二十八秒　録音終了

以上が当時の資料をもとに機内と客室乗務員の様子を再現したものである。きっと不時着した場合を想定しながら、自分の取るべき行動と役割を頭の中で繰り返しながら、安全姿勢を大声で叫びながら逝ってしまったのだろう……。

最期まで重い操縦桿を握りしめ、飛行機を飛ばすこと、無事に不時着することだけを考えていた運航乗務員たちの心の奥底には何が浮かんだのだろうか。

高浜雅己機長（四十九歳）は、海上自衛隊から東亜国内航空、その後昭和四十一年十二月に日本航空に入社。飛行時間が一万二千四百四時間のベテランで、B747操縦教官室の専任乗員教官だった。スチュワーデスだった妻の淑子さんとの間に一男二女がいる。

淑子さんの母親の生家が、墜落現場となる群馬県上野村に近い万場町だったことから、偶然にも七年前に現場近辺のぶどう峠付近から上野村や周辺をドライブしたという。川上村のレタス畑も通った記憶があったに違いない。あそこに降りるのではないだろうかと、緊急着陸とも思えるような、低空飛行する123便の姿が村民に目撃されている。

佐々木祐副操縦士（三十九歳）は、この日が機長席実務訓練となっていた。毎日、訓練と座学の連続だったが、一男一女のお父さんとして、この前日に子どもを連れてプールに行った。はしゃぐ子どもたちと残された貴重な時間を過ごすことができたのがせめてもの救いだったのではないだろうか。

福田博航空機関士（四十六歳）にとって、この突発的事態は過去のマニュアルからもまったく考えられないものであった。油圧系統が不能になるという前代未聞の事態に、表向きは落ち着いていたが、本当は髪が真っ白になるほど地獄のような思いであったに違いないと同僚は語る。

大阪に到着できなかった8119号機はどうなったのだろうか……。

機首から尾根に激突した機体は、下に向かってひっくり返って四つに分断され、生存者がいた最後尾Eコンパートメントだけが、乗客の背中側から後ろ向きに山の斜面を滑落していった。ここは昭和二十八年頃に山火事があって新たに植林された木々だったため、ちょうど他よりも木の幹が細く、ヘアブラシをなぞるようなかたちで約二百メートル、四十度くらいの急勾配を後ろ向きジェットコースターのように滑り落ちていったのだろうということだった。そのおかげで衝撃が緩和されて損傷の少ない遺体が多く、助かった人はスゲノ沢と呼ばれる神流《かんな》川の上流で発見されている。そこは山頂からは木々に囲まれてまったく見えない所であり、火災は発生していなかった。神流川沿いに歩き、スゲノ沢から入ってきた地元の消防団員によって真っ先に発見されたのであった。

殉職した先輩たちはあの世でどういう思いでいるのだろうか。

もし自分だったら、自分で選んだ道だからしかたがない、そういう言い方で済まされたくはない。

当時、何十倍もの倍率から選ばれて心の底から憧れて就いた職業である。過酷な専門訓練を経て最終的に一人前として社内規定に合格し、希望どおりの道を歩んできたという自負心もある。しかしいくら仕事であっても、緊急事態の訓練をしてきたからといっても、墜落するかもしれないという迫りくる恐怖心と戦いながら、乗客を救うべく気丈に振る舞うつらさは言葉にできないものだ。

死を覚悟して逃げ場のない心境は壮絶なものだったに違いない。濃紺の制服の重みを感じながら、ありとあらゆる力を振り絞った人生である。

私にできることは、彼女たちを忘れずに後世に伝え続けること、そして自分自身の生き様を振り返ることではないだろうか。

機内アナウンスは言葉ではなく心でするものだ、と教えてくれた対馬祐三子さん。当時の乗務員が有志で作成した追悼文集によると、対馬さんの追悼の記述では次のようなことが書いてあった。

『数か月前の六月三十日に五年越しの恋を実らせて結婚したばかりで、その後、遅いハネムーンで福島に行き、特別休暇明けの初めてのフライトで、ネームプレートも旧姓のままであった。家を出る時、熱が三十九度もあったが、休暇明け早々に休むわけにもいかず、夫の公二さんに笑顔で「行ってきます」と告げて家を出てきた』ということだった。

私に仕事を教えてくれていた頃はまだ独身だったが、なるほどいつもニコニコしていたわけである。きっとフライト後の彼とのデートを思い浮かべていたのだろう。

まだ田舎臭さが抜けなかった私の制服姿を見て「もっと粋に着こなしなさい」と、アドバイスをくれたちょっぴり厳しい藤田香さん。

藤田さんは前方Aコンパートメントを任されていたR1担当で、乗客の前では気丈に振る舞っていたが、クルーシートに戻ると、若くして結婚して二人の子どもを産み育てている妹との会話を思い出していたのではないだろうか。三歳年下の妹さんにはかつて、「万が一、自分が事故に遭ったとしても、絶対会社に電話してはいけない。乗客の確認が先なのだから、家でじっとしていてね」と話していたという。妹さんは華やかな姉の存在を時々妬ましく思っていたこともあったそうだが、私は彼女は逆に早々に結婚した妹さんをうらやましがっていたと思っている。同僚の追悼文には『寂しがり屋な両親と一緒にいろいろ旅行に行って親孝行しようと次の香港行きを考えていた矢先だったのに、彼女は悔やみきれない思いで心が潰れそうだったに違いない』とある。

前便で担当した山下運輸大臣に、「笑顔が素敵だった」と言われた木原幸代さん。夫と温泉に行って「絶対に宇宙旅行に行きたい」と語った夢を思い出し、きっと行ける日が来ると信じていたのかもしれない。

大野聖子さんは入社して一年が経ち、十月から念願の国際線に移行する予定であったから、残り少ない国内線乗務を楽しむ余裕が出てきた頃であっただろう。

白拍子由美子さんは前年の八月十九日に結婚して間もなく一年が経つ頃だ。国際線から移行し、次の週から両親を連れてハワイ旅行に行く計画だった。彼女の担当区域では遺書を書いていた人が多かった。もしかすると自分も制服のポケットにあるメモ用紙にそっと夫と両親への手紙を書いておきたいと思ったかもしれない。ふと外を見ると、雲が機体よりもはるか上のほうに見える。あの雲を見上げながらいつも大空をかけてゆくこの仕事を選んだのだからきっと大丈夫、そう言い聞かせて、大好きだったユーミンの『ひこうき雲』のメロディーが頭に浮かんだのではないだろうか。

海老名光代さんは結婚して三年目、そろそろ子どもが欲しいと思っていたとご主人が語っていた。退職するにしても休職するにしても、翌年変更される予定の新しい制服を一度着てからにしたい、と言っていたそうだ。あの先輩ならば、好きで選んだ仕事を簡単には手放したくはないという気持ちでいっぱいだったに違いない。

赤田真理子さんは、不安そうな顔を上げたお子様一人旅、ちびっこVIPの子どもたちと話をするのが上手だった。赤田さんには哺乳瓶の扱い方、消毒の仕方を教えてもらった。

あの時、「ママあ～ジューチュちょうだい」という三歳の息子さんの声が聞こえたのではないだろうか。かつてスタンバイルームで赤田さんは私に息子さんの写真を見せながら、嬉しそうに話していたことを思い出す。気丈にママさんスチュワーデスとして子どもたちに「大丈夫ですよ」と声をかけたのだろう。

キャビンの責任者でL1のポジションにいる波多野純さんは、この四月に国際線から移行してきたばかりで、まさかこのような事態になるとは夢にも思わなかっただろう。ボイスレコーダーの録音では、「酸素マスクを引いてしっかりお付けください、お子様の酸素マスクを付けてあげてください」という内容のアナウンスをしている。チーフの趣味は盆栽で、小学五年生の息子さんが「さつきは僕が可愛がるよ。絶対に枯らさないよ」と言っていたと文集に書いてある。

対馬さんと共にアナウンスを担当している大野美紀子さんは、昨年まで国際線を飛んでいたが、国内線に移行して今年に入ってからは、湿疹やら火傷やらで、包帯を巻いてのフライトだった。私と同期入社の彼女は、時々帰る実家の千葉の館山の海の群青色が好きだった。不時着するなら海がいい、そう窓の外を見ながら思ったかもしれない。

波多野京子さんは、仕事熱心で訓練所では努力賞をもらい、三十歳までは結婚しない、と妹さんにも宣言していたが、今、夢をかなえてたった半年でこのような事態に遭遇するとは思いもよらなかったであろう。

R４担当のクルーシートには波多野さんと宮道さんが並んで座っていた。

宮道令子さんは、私にも話をしてくれたように、自分がまだ新人だった頃を思い出しながら波多野さんに話しかけたと思われる。まだチェックアウトして半年しか乗務経験のない波多野さんは、大学卒業後、大手洋酒メーカーに内定していたが、日航に入社が決まりこちらを選んだ。宮道さんも神奈川県県警本部で勤務後に試験を受けてスチュワーデスになったと、自分で選んできた道を語り合っていたことだろう。

前方Ｌ２担当の吉田雅代ＡＰは、結婚して前年に国際線から国内線に移行してきた。十月には、スチュワーデスになることに大反対だった両親と夫の両親を連れてシンガポールに旅行をする計画を立てていたという。好きで選んだ道だからこそ、仕事には人一倍の思い入れがあった。


私が仕事中に失敗をして、急いでラバトリー（トイレ）に入り、鏡で自分の顔を見た時を思い出す。

「お客様の前ではいつも笑顔でね」と訓練所の教官に言われた。涙をぬぐって出てくると、そんな不安の顔を見た先輩たちが心強く肩をたたいてくれた。

しかし、あの墜落の瞬間、彼女たちに一切の笑顔はなかった。保安要員として不時着を考え、必死に叫びながら仕事をまっとうしたのであった。

（注１）　日本航空安全啓発センターとは、二〇〇六年にＪＡＬメンテナンスセンターに開館した日航１２３便事故の残骸を展示しているところである。事故調査前に電動カッタ

ーで切り刻んだ後に貼り合わせた圧力隔壁、垂直尾翼の一部、遺品、緊急着陸の手順を書いた対馬祐三子アシスタントパーサーの赤い手帳も展示されている。

（注2）一九八五年当時、マイレージや格安航空券などなかった時代で、国際線のファーストクラスはノーマル運賃で大変高額であり、ビジネスクラスも企業等の出張がほとんどで、一般客は新婚旅行や自治体の視察旅行、農協関係などの団体客が多かった。

直行便の最長路線はニューヨーク便で、北回りヨーロッパ便はすべてアンカレッジ経由、南回り路線は、東京、バンコク、デリー、カラチ、アブダビ、バーレーン、クウェート、ジェッタ、カイロなど中近東を経由してアテネまで飛んでいた。このフライトが入るとクルーは最長十八日間、家に帰れなかった。

（注3）45・47体制とは航空事業割り当ての日本産業保護政策の通称。昭和四十五年（一九七〇年）に閣僚了解、昭和四十七年（一九七二年）運輸大臣通達が出されたことに由来する。この別名航空憲法は、日本航空が国際線と国内幹線、全日空が国内幹線とローカル線、東亜国内航空（後の日本エアシステム）が地方路線と分担して運航する内容であった。その後空の自由化となり、一九八五年に見直しとなり廃止された。

（注4）東亜国内航空とは国内ローカル路線を飛ぶ航空会社で一九八八年までＴＤＡが航空会社コードだった。その後日本エアシステム（ＪＡＳ）となって、さらに二〇〇四年に日本航空と経営統合された。経営統合時は様々な運航トラブルや機内サービスの不手際もあって社員間のコミュニケーション不足も指摘された。この統合によって倒産が決定的となったとも言われている。

（注５）　クリティカルイレブンミニッツ（魔の十一分）は、離陸時三分、着陸時八分が最も危険で、航空機事故のほぼ八割がこの間に起きていることから、そう呼ばれる。従って、客室乗務員も必ず非常時の対応を頭の中でリマインドして、座席から見える機外の様子や異常音の有無に神経を集中する。特にエンジン付近のコンパートメントのクルーシートにいる乗務員が注意することは、エンジンから炎が出た場合の脱出の経路などである。離陸時刻をメモして、離陸時間を正確に把握する必要もある。私の時代は、離着陸時にクルー座席についている間、小型非常用ライトに赤い紐をつけて首から掛けていた。

（注６）　スコーク７７００は緊急事態のことである。この数字は、航空機に搭載されたトランスポンダ（送信機と応答機の造語の電子機器）がレーダーと連動して４桁の数字で航空機の位置特定を行うもので、航空交通管制における航空機の識別に使う。ちなみにハイジャックは７５００となる。

２　政治家の視点から

●中曽根康弘総理大臣の場合

この墜落時、政治家たちはどのような動きをしたのだろうか。

中曽根康弘首相は、八月八日の夜から夏休みのため軽井沢の「ホテル鹿島の森」に滞在していた。十七時十一分発特急あさま22号に乗車して、十九時十五分に上野着となっている。日航１２３便が十八時五十六分に御巣鷹の尾根に墜落した時は、列車内にいたことになる。自衛隊の公式発表では、墜落後の十九時一分にファントム二機が茨城県の百里基地から飛び立ち、二十分経過後に墜落現場上空で燃えている炎を確認している。中曽根首相はどこで日航機の情報を得たのだろうか。なお、上野駅からパトカーの先導で、十五分ほどで到着するはずの首相公邸に十九時五十分到着（八月十三日付「読売新聞」）とある。どこかに寄り道をしていたのだろうか。公邸入口で記者団から墜落のニュースを聞き、「ほう、そうなのか」と答えて事故を知らなかったということだが、ご自身の本『中曽根康弘が語る――戦後日本外交』（二〇一二年・新潮社）では次のように書かれている。

『日航ジャンボ機墜落の報告が私に届いたのは、軽井沢から東京に戻る列車の中で午後七時過ぎでした。それで八時頃から首相官邸の執務室に入って、即時に色々な報告を受けたし、こちらから対策の指令も出した。国民に対して政府の正式見解を出すのは、事態の調査に遺漏のない状態で、万全を期してから発表しなくてはいかん。それまでは、私に留めて、私が合図するまでは公式に発表してはならんと指示しました』

当然携帯電話がなかった時代であるから、列車内にある連絡電話を利用して知ったということだった。当時の「ほう」というポーズはカムフラージュだったということになる。

次に、事故現場の情報が二転三転したことについては次のようにある。

『実際、静岡に落ちたとか、群馬に落ちたとか、情報がずいぶん迷走していました。米軍もレーダーで監視していたから、当然事故については知っていました。あの時は官邸から米軍に連絡は取らなかった。しかし、恐らく防衛庁と米軍でやり取りがあったのだろう』

六百ページを超える本で、たったこれだけの記述であった。

この事態に直面して、勝手に防衛庁と米軍が連絡を取り合っていたという話だが、これは防衛庁と米軍が内閣総理大臣を飛び越えてやり取りをしたということで、大変重大なことである。それは「我が国の防衛組織図」を見ても一目瞭然で、すべて内閣の下に位置するのであるから、彼らが勝手に理由もなく行動を起こしたとすれば、即刻防衛庁長官のみならず、幕僚長もすべて首が飛ぶはずだ。この時の防衛大臣は加藤紘一氏（四十九歳）だが、米軍と自衛隊のやり取りをまったく知らなかったと言えるはずもなく、それが万が一、中曽根氏の言うとおりであれば、由々しき事態である。

列車内で十九時過ぎに報告を聞いて、その後まったく現場の状況を知らされないままで対策本部を立ち上げたのならば、事態の調査に万全を期する、と指令を出すことすら無理である。さらに、それを合図するまで公式発表をしてはならん、という判断もおかしなことである。半官半民とはいえ、航空会社の墜落事故という事実を公式発表するのは株式会社としての日本航空側である。なぜ、中曽根氏の合図が必要なのだろうか。

実はこの十日後の八月二十二日は、中曽根政権発足千日の記念すべき日であった。その時新聞各紙が報じた軽井沢町でのコメントの一部を抜粋する。『今日まで政治を遂行出来て望外の幸せである』とし、『防衛問題については、非常に慎重に手続きを尽くしてやっていきたい。（略）新しい防衛計画は何しろ財政が厳しいので、質的効率化を中心に計画が練られるべきだ。文民統制を全うする手順、内容を考えて進めていくことが大事だ。防衛費の対国民総生産（ＧＮＰ）比一％枠を撤廃することについて維持は困難だ。出来るだけ一％以内に収める努力は続けると申し上げてきた』と述べている。同日、防衛庁は内局（背広組）の機能強化の一環として、防衛政策担当の防衛審議官を現在の一人から三人に増やすと発表した。日米防衛協力を含めた防衛政策、防衛力整備計画作り、危機管理問題と分けて担当させる方針ということである。突然、背広組強化策が出てきた理由はなぜなのだろうか。

中曽根氏はとにかく政権千日を無事に迎えたいという気持ちと、防衛費ＧＮＰ比一％枠撤廃が大変気になってしかたがなかったようで、それ以外のコメントでは、『軽井沢ではまずゴルフ。日航機事故以降は、ゴルフは自粛。そのあおりで宮沢自民党総務会長との約束のゴルフ会談もお流れに。テニス、水泳、読書にいそしみ、マキャベリの君主論を読み終えた。政治権力者の統治のすべを描いた古典を読み返して、気持ちが高ぶった』とある。そしてこの夏は、健康優良児になるという宣言をして、一度も墜落現場には行かなかった。

その後九月十一日に、御巣鷹方面ではなく茨城県筑波へ科学万博の見学に自衛隊のヘリコプターで行っている。自衛隊市ヶ谷駐屯地を午前九時十五分に出発、わずか十九分で万博会場に着き、ご満悦だったという記事がある。

結局、自衛隊のヘリで墜落現場に行ったのは事故から約三か月を経た十一月四日(月)であった。その時マスコミや世論の批判に対して「私もすぐ伺いたいと思ったが、群馬県警から猫の手も借りたいほど忙しいので、延ばしてほしいと言われ、慰霊祭、日航人事刷新も終わり、ひと段落した時期に改めて伺った」という理由で行けなかったと語った。あくまでも自分のせいではなく、群馬県警の要望だということだ。同行したのは山下徳夫運輸大臣や自衛隊関係者で、河村一男群馬県警察本部長らから状況の説明を受けて墜落現場に手を合わせ、献花した。上野村役場で、初めて黒澤丈夫氏と対面したことになるが、その時の村長はおそらく険しい表情だったに違いない。中曽根氏は海軍主計出身であり、一地方の小さな村に、まさか自分より上の階級の元海軍少佐でゼロ式戦闘機搭乗員かつ教官がいるとは思わなかっただろう。

以前黒澤氏に、中曽根氏の軽井沢での記事を見せたところ、「だいたい首相は最高責任者として厳粛に礼をつくし、可能な限り行動すべきなのに、こんな（ゴルフなんぞやって）失礼千万ですよ」と言い、これで本当に彼は軍人だったのだろうか、と首をかしげながら、実際のところ軍で何をしてきたのかと疑問を持ったようであった。

上野村では、翌年に出馬予定の息子の中曽根弘文氏も同行して、中里村、万場町、鬼岩役場も訪ねて町村長に挨拶をして回り、捜索救難にあたった地方公共団体等三十五団体に感謝状、日赤や民間ボランティアなど百十九団体に感謝状を贈った。現地は中曽根氏の選挙区で衆議院群馬三区内にある。真っ先に行きたかったが反対陣営（福田元首相）から何を言われるかわからない、とも語ったという。翌年の参議院選挙で息子の弘文氏を出馬させることになっているため、福田氏の弟とライバルとなり、そのアピールもしなければならない、という事情も浮上という雑誌の記事もあった。これではあくまでも選挙がらみでしか行動しないと言われてもしかたがない。本心から慰霊として被害者に手を合わせたのかどうか、地元では違和感を持つ人が多かった。当事者や遺族のことなど考えていないように見える。いかなる理由があろうとも客観的に見て中曽根氏の振る舞いはそう思われてもしかたがない。

なお、防衛庁と米軍で勝手にやり取りをしていたと言う中曽根氏だが、当時「ロン、ヤス」と呼び合う仲で、親しかったレーガン米国大統領はどのように動いたのだろうか。

ロナルド・レーガンミュージアム所蔵の当時の日誌「THE DAILY DIARY OF PRESIDENT RONALD REAGAN（THE WHITE HOUSE）」の一九八五年八月十二日の項を見てみた。

レーガン大統領夫妻は前日の十一日からカリフォルニア州サンタバーバラにて夏季休暇を過ごしていた。通常の朝は九時前後に起床だが、十二日は早朝五時三十分に電話でたたき起こされている（日本時間は同日の二十一時三十分）。しかし、相手はリベリア共和国のサミュエル・ドウ（Samuel K.Doe）大統領である。この時間は、１２３便が搭載燃料切れとなる時間で、墜落が確定して日本航空が公式に発表した時刻である。日本、または在日米軍から電話があったのではと思ったのだが、なぜかリベリアの大統領からの電話だった。その後、食事をしてナンシー夫人と牧場を散歩している。十三日も十四日も何もなく休養中である。急に変化が出てきたのが十五日午後一時（日本時間午前五時）である。

ジョージ・H・ブッシュ副大統領、ジョージ・P・シュルツ国務長官、ＣＩＡ長官のウイリアム・Ｊ・キャシー氏、ロバート・Ｃ・マックファーレンス国家安全保障問題担当補佐官、デビット・Ｌ・チュウ長官補佐兼副次官補、フランク・Ｇ・ウイスナー国務副次官補、フィリップ・Ｈ・リンデル　アフリカ国家安全保障会議長官との電話会談がもたれた。しかし、これだけではアフリカ関係の事案のように見える。

その後、レーガン大統領は八月二十日にサンタバーバラからロサンジェルスのセンチュリープラザホテルに移動して、二十三日頃までホテルで電話やミーティングをしているが、その中に日本との電話という文字はない。中曽根氏はその頃軽井沢でレーガン氏に別の要件で何度か電話をしているとご本人の著書に記されているが、このようにレーガン氏の日記には何も書かれていないのである。

●山下徳夫運輸大臣の場合

十二日夜、政府は緊急持ち回り閣議で、総理府内に運輸大臣の山下徳夫氏を本部長とする日航機事故対策本部を設置して二十三時に第一回対策会議を開いた。その山下徳夫氏はというと、事故直前に同じ飛行機による福岡発東京行き366便に偶然乗り合わせていた。午後三時半福岡出発で午後五時羽田着のこの便は、墜落した123便と同じ客室乗務員が乗務していた。山下氏が座った二階席を担当したのは木原ASで、三光汽船会社更生法申請問題で疲れ果てていた山下大臣を温かくもてなした。「お孫さんにどうぞ」と、機内搭載のジャンボ機のおもちゃ三個を茶色の機内用袋に入れてプレゼントした。

空港から官邸に入り、その紙袋を持ったままの山下氏は「本当に何があったんだろうね。あんなにやさしい気立てのよいスチュワーデスがこんな事故にあうなんて」と、思わず涙ぐんでいた。

会議の後の会見で、山下氏は「現段階では機体の発見と救出に全力を挙げたい」とし、「これまでにキャッチした情報では、パイロットミスなどの人災ではないようだ。後部ドアが原因と見ている。まったく予想できないことで唖然としている」と述べた。

十三日には、山下運輸大臣が遺族の待機場所となっている群馬県藤岡市内の小、中学校を回り、陳謝の言葉を述べた。藤岡市立北中では、十三日の午後五時を過ぎてようやく日航責任者からの説明があり、引き続き山下氏が「担当大臣として責任を痛感している。生存者救出、遺体の早期収容に全力を挙げたい。現在、作業を進めるためのヘリポートを現場付近に建設中です」と話をしている。また、自衛隊のヘリで上空から墜落現場の様子を視察した。

上空から現場を見て、その下に自分が直前まで乗っていた飛行機がバラバラの状態である事実に、山下氏は自分の運命を感じたに違いない。二階席を担当した木原アシスタントパーサーの笑顔が生々しく浮かんだことだろう。その日の記憶について二〇一〇年十一月十日にお会いしてお話を伺ったが、それは第二章にて詳細に記述する。

3　日本航空の視点から

十八時三十三分に航空管制当局より異常事態の連絡が入り、十八時四十一分に日航の航務部から東京空港事務所に通報がいった。同時にスケジュール統制部と航務部から、社内の関係部署、社外関係先等に一斉に通報を開始した。二十時二十分、羽田空港に対策本部、二十時三十分、羽田東急ホテルに乗客の家族控室を設置した。そのホテルで、乗客の家族に詰め寄られた町田直副社長（運輸省からの天下りで元運輸事務次官）は、思わず「北朝鮮からのミサイルに撃たれたのだ」と叫ぶ。その数日後、町田氏は社長候補だったにもかかわらず『遺体安置所にて扇子で仰ぐ姿』を写真に撮られて失脚する。

緊急放送が続々と流れ、テレビや新幹線内のニューステロップで事故が報道された。その中には多くの人々が驚いた緊急報道があった。それは『自衛隊員二名が射殺された模様』というものだったが、その数分後『先ほどのニュースは誤報でした』という内容だった。具体的には二十時頃、『ただ今現地救助に向かった自衛隊員数名が何者かに銃撃され、死者負傷者が多数出た模様です。情報が入り次第お伝えします』であったと記憶する。なおこのニュースは二〇一〇年まで動画投稿サイトで流れていたが、今は削除されている。

日本航空は二十一時二十五分、第一次現地派遣団を結成して羽田を出発した。団長は藤野昇取締役他、医師、看護婦、社員など百八十名であった。二十一時三十五分に、渡会信二広報部長が搭載燃料切れの時間を見計らって記者会見を行った。『日航123便墜落を確認した。炎上中』という内容だった。二十二時五十分に、高木養根社長が、羽田東急ホテルにて乗客のご家族に陳謝した。

次の日の十三日早朝には、関西地区のご家族五百三十六名搭乗の臨時便を運航した。臨時便は七時三十分大阪伊丹発八時三十分東京羽田着で、他の定期便でもご家族二百五十二名を乗せた。八時十五分にトラック三台で第一陣救援物資輸送を行い、九時四十八分に、日航現地対策本部を藤岡公民館に設置した。十三時四十分に、高木社長が藤岡公民館にて陳謝した。一家族に対して二名の世話役（後に一名）が担当して様々なサポートを行った。なお、高木社長の振る舞いについては、第二章にて遺族の吉備素子氏の証言に基づいて記してみたい。

日本航空の社内報『おおぞら』にある「世話役が語る」という手記においては、家族の置かれた状況と遺体のあまりにも悲惨な状態を目の当たりにし、もし、自分の家族や子どもだったらと、仕事とはいえ言葉を超える衝撃と遺族の無念さに直面し、航空会社としての社会的責任を痛感せざるを得なかったという声が多数記されていた。

さらに、最も堪えたこととして何人もの世話役が記しているのは、日本航空と飛行機を信頼して乗ってくださった方が多かったことだった。『ジャンボは安全で絶対に落ちない、と生前語っておられたとお聞きして、何と答えてよいか、言葉を失った』とある。

『五月闇ジャンボゆるりと着陸す』

これはある乗客の絶句である。生前、ロータリークラブの例会で発表されたというその句を遺族から聞かされ、何とも言えないむなしさを感じた世話役もいる。暗闇の新月の中、ゆるりとジャンボ機が着陸するという内容をどう受け止めればよいのだろうか。

スチュワーデスから地上職へ移り、東京支店旅客販売課にて女性課長の先駆者として頑張っていたM・Iさん（五十四歳）も世話役になり、一か月間遺体安置所で遺族との交渉や遺体の確認を行った。当時十九歳の娘さんに「大変な業務なの」と電話をかけていたが、十月十一日、突然くも膜下出血で死亡した。事故直後に世話役をした社員の中には体調をくずした者も多く、その様子を見た外国人記者は、日本の航空会社の社員はここまでするのか、と驚き、欧米で同じような事故があったとしてもその対応はまったく異なり、常識では考えられないという様子だった。実際に世話役をした人と現場を知らない人では同じ社員でも温度差が大きかったと記憶する。それにしても、お客様を救うことを第一に考えて、自分の職務を成し遂げて亡くなった客室乗務員を想うとあまりにつらくて悲しい日々だった。墜落の瞬間まで不時着を信じていたとするならば、制服を着た重みによって自分自身のことなど考える隙間もなかったのだろうか。事故の次の日も仕事でアンカレッジに飛んだ私は、日々のフライトで自問自答しながら、あの日を忘れないことが、先輩たちへのせめてもの供養だと信じてきた。

その後、世界最大の犠牲者を出した日航１２３便墜落事故の風化を防ごうと、講師をしていた専門学校や大学の教え子たちと一緒に新聞記事などの資料を現在からあの日までさかのぼって読み直した時、事故原因が違う可能性があるのではないかと感じた。そして何も知らなかった自分を悔やんだ。

さらに人間には、世間の常識とは別の不可思議なことや思いもかけないことを知った時、二とおりの反応があることも学んだ。

一つは、多くの疑問を追究しようとする精神を持つ人間で、研究者的な視点で情報収集や分析に取り組むタイプだ。しかしながら一般的に見ると、公の発表とは異なることを言う偏屈な人、荒唐無稽な話をする人、とレッテルを貼られやすくなる。中には趣味の延長で面白がって調べる人もいるが、重要なのは真摯な心で原因を究明しようとすることである。

もう一つは、事実を聞いた瞬間に、自分は関係ないと知らないふりをする人間で、その振る舞いは実に滑稽だ。例えば、ある新聞記者に知り得た事実を話したところ、自分だけの胸に収めておくからと言い、「明日からは電車の乗り降りに気を付けたほうがよい、ホームは端っこを歩かないで」と逆に脅されたような気になった。さらに別の記者は調査報道が日本は遅れているので米国並みにしなければならない、と熱く語っていたわりには、事実を知るとメールも無視され「原発事故で忙しいから無理」という返事がやっと送られてきた。他にも、「そもそもあなたは大した情報を持っていないし、決定打がなければやめたほうがよい」と言った後ろ向きな報道関係者もいた。別の元テレビプロデューサーは「誰も後部圧力隔壁が事故原因だなんて、いまさら信じている人はいない、ただし、決定的証拠がなければテレビ局全員の首が飛ぶ。日米戦争になるという人もいる。戦争になってもいいのですか？」と、いきなり戦争の話が出てきたりもした。戦争って一体何なのだろう。たとえ何が明らかになろうとも、三十二年も前のことで時効もとっくに過ぎている。誰もが知りたい真の事実を報道するという職業としての使命感は、一体どこにあるのだろうか。勿論、そんなことはわかっているが自分一人じゃ無理、というのが本音なのだろうか。そこに日本人特有の、お上に逆らってもいいことはないといった自己保身の姿勢が潜んでいるのではないだろうか。

それ以外にも、様々な人間の反応がある。事故原因を追究しようとする相手に対して自分の過去や職業は明らかにせずに匿名で、「何をいまさら、そっとしておけ」と言いながら、なんらかの弱点をここぞとばかりに攻撃して誹謗中傷をする。しかし、考えてみると普通の人は、傍観者であってもそこまではしない。つまり警戒心が強い人はこの事件に何らかの関わりがあり、自分たちに都合の悪い真実を出されると困る、という組織や過去にそういう背景を持つ人間である可能性が高い。

誰も真実を追究しようとする人々の努力を、ましてや当事者や遺族の知る権利を妨げる資格はない。

高齢になった遺族たちの中で今なお事故原因に納得できない人は「事実を知る人が勝手にあの世に持っていかれても困る」と口々に言う。

真に心が安らぐのは、ごまかしではなく、本当のことを知ったその時であるという。また遺族だけではなく、私が思うのは亡くなった当事者の無念さだ。誰がその気持ちを汲んであげられようか。皆、いつまでも人任せではないか。それでは本当の供養にはならない。

そのような悶々とした気持ちでいた私に、数ある事故関連の書籍の中から私の『天空の星たちへ』（『疑惑のはじまり』）を読んで感動したとの連絡があり、わざわざ大阪から東京の出版社に来てくださったご遺族とお会いする機会を得た。

第二章　新たに浮かび上がるあの日の証言

墜落現場の尾根にたてられた自然木の墓標

1　遺族となった吉備素子氏の体験と記憶

二〇一一年八月二十六日（金）は、午前中の晴天から急激な雲に覆われて、恐ろしいほどの強い雨と稲妻が鉛色の空にピカピカと不気味な光を放っていた。吉備素子氏（現在七十四歳）が出版社の会議室に入った直後のことだったため、無事に東京駅から神保町まで雨に打たれることはなく来られてほっとしたのを覚えている。その時録音された会話の合間に雷鳴が轟きわたり入っている。それはまるで天からの五百二十名の怒りに満ちた相槌のごとくであった。

小柄な吉備さんは股関節脱臼で少々足が不自由になり、左手に杖を、右手にステッキバッグを引いていらした。夫の吉備雅男さん（当時四十五歳）は塩野義製薬次長として出張中に事故に遭遇した。私の本を読み進めているうちに、その中で記述された学生が持つ疑問と自分のいくつかの疑問が一致し、すっきりと解消されたという。そして即、出版社に連絡を入れたのです、ということだった。

私が日本航空にいた人間だということで、笑顔で逆に気を遣ってくださりながら、この一言から始まった。

「私や子どもたちも整備から来たという日航の世話役のKさんには、本当にお世話になりました。子どもたちもＫさんのお蔭で救われた、と言っています。顔を真っ赤にしながら、寝ないでお世話をしていただいた。とてもよい方でした。でも世話係で遺族が喜んでくれるような本当によい人、そういう人は会社では不利になったみたいで、その後あちこち飛ばされる、と聞いていたから気の毒でねえ。もう日航に戻っていいよ、って遠慮してこっちから言ったぐらいです」

整備出身の世話役ということであれば、まさに事故原因に直結する部署だからよほど気を配ったことだろう。遺族の方から感謝という言葉を頂くと私も嬉しかった。ただ、遺族のために尽くすのが当然の世話役の仕事である。それが親身になってくれる人ほど社内で不利になるとはなんということだろうか。まるで逆ではないかと唖然とせざるを得なかった。それも実際に多くの事例があったと聞いている。この期におよんで組織の利益を優先させてきたということだ。当然のことながらこの社風は後の倒産にもつながったのだろう。

事故原因について、世話役と何か話をしたかと聞いてみた。

「最初の世話役のＫさんは責任感がすごかった。整備の人だったけど、事故原因についてはまったく話をしていない。一番しんどかった時やしね。あえて私もその話はしなかったたし、これだけ一生懸命してくれた人に対して、聞きづらかった。若い世話役がもう一人ついていたが、こっちは何言うてもあかんわ、という感じの人だった。その後、次から次に世話役が変わったけど、現場を知らん人ばかりだから、いろいろと傷つくことばかりだった。それよりも他の遺族から聞いた話だけど。あのバスの中での出来事が、とても腹が立ったと言っている」

　バスの中の出来事とはなんだろうか。何でもすべて話してみてください、と私は言った。

「私ら遺族用のバスでいろいろ送り迎えを日航がしてくれたんやけど。あれは事故後の十一月頃、大阪の若い世話役の人たちと一緒にそのバスに数十人で乗っていた。遺族の皆さんが降りた後、ご主人を亡くした女性がちょっと気分が悪くて、一緒に降りずに一人だけ後ろの席に寝てはった。車内に遺族が寝て残っていることを日航の世話役の人が知らなくて、全員降りたと勘違いしてね。『未亡人のあの女はどうやろこうやろ』とか、『あの若い未亡人はどうのこうの』って、遺族の女性の名前を出して品評会を始めたんです。ひどいでしょう。泣きたくなるでしょう」

　未亡人の品評会とは一体どういうことなのか……。あまりの驚きに、隣に座っていた編集者と顔を見合わせた。その時の若手だった世話役は三十二年後の今、倒産後に会社に残っていたとするならば、すでに定年退職を迎えた年齢となっている。いまさら何をほじくりだすのか、などという勝手な意見は通用しない。自分たちがした恥ずべき言動をいまだに覚えている人がいることを肝に銘じてもらわなければならない。

吉備さんは、遺体安置所で部分遺体となった夫の身元確認をしながら、その一部を茶毘《だび》に付して夫の社葬、日航の合同葬と日々過ぎてゆく。会社の書類が入ったかばんは、ほぼ無傷のまま見つかった。

九月二十八日に大阪にて四十九日の法要、九月二十九日に藤岡市光徳寺でも同じく四十九日の法要が行われた。日航の女性社員十八名を含んだ社員百名で法要や藤岡の体育館清掃を手伝った。十月五日、藤岡市民体育館にて施主を黒澤丈夫村長として、身元不明者のご遺体出棺式、十月二十二日、大阪城ホールにて大阪地区追悼慰霊祭、十月二十四日、日比谷公会堂にて東京地区追悼慰霊祭が行われた。

そんな慌ただしい日々の中、吉備さんは日航本社（建て替え前の東京ビル、千代田区丸の内2-7-3）に一人で高木養根社長を訪ねている。そのいきさつについて話をしてもらった。半官半民の日本航空では、歴代の社長はすべて経済界や運輸省からの天下りであった。その中、高木氏は日航生え抜きの社長である。

「九月頃に遺族に対して日航のほうから、身元不明の部分遺体や炭化が著しいもの、骨粉など十月中にすべてを茶毘に付すとの連絡があってね。検視の困難さも見ていたから、それもしかたがない、やむを得んなあと思っていたけど。十月四日に群馬入りしたら、血液検査を頼んでいた主人の足と思われる右大腿部の大きなものまで、茶毘に付されていて、アッ無くなっているって驚いたんです。事前の連絡とちがう。ひどいって、私は警察ともめだした。世話役が間に入って、警察と掛け合ってくれたけど、日航は警察の検視現場に入るなと言われていたのを見てたしね。現場責任者の日航重役の人も『僕らは何もできない』と、私らと一緒に泣いて、泣いて……。でも、泣いていたって、こんな状態で十月中に全部荼毘に付すのはいかん、あんたらができんのならば、直接、高木社長に会いに行きましょう、本社に行きましょう、と言って東京に行ったんです。その時ついて来んでもええ、と言ったのに、何やら女性的な雰囲気の世話役の人が『ふぃふぃ』言いながら（内股で歩いて）ついて来た。吉備さんって男性的ですねえ、って」

日航本社の社長室に通されて、高木社長と実際に会って話をすると、山中の墜落現場にも行っていない、黒焦げの遺体も見ていない、彼はまったく現場を見ていない様子だった。

そこで「あのような状態で、遺体を荼毘に付しては五百二十名が浮かばれない。私と一緒に中曽根首相のところに行って直訴しましょう。あんたの命をかけても首相官邸に行ってください。そう言ったんです。そしたら、急に高木さんはブルブルと震えだして『そうしたら私は殺される』そない言うて。殺されるってね。何って思ったら、隣に座っていた女性的な世話役も震え上がっている。なんで？　と思った。一緒になってフルフルしている。本当に怯えていた。殺されるって、命かけての意味がわからんのか、おかしい、これはもうどうしようもない状態だった」と語る。

高木社長が首相官邸に行ったら殺されると怯えていたということは、一体どういうことなのだろうか。この時はすでに後部圧力隔壁の修理ミスということで九月七日にボーイング社より手落ちがあったと報道されている。日航だけのせいではないと事故原因もはっきりしたはずである。それなのに中曽根氏の所に行ったら殺されるとは穏やかではない言動だ。ましてや日航の社長として事故についてまず詫びるのが先ではないか。この振る舞いは、遺族を前にして恥ずかしい失態だと片付けるだけではあまりにもお粗末である。

もしかすると、町田副社長が遺族に叫んだ『北朝鮮のミサイル』をネタに中曽根氏から、「正直に何かしゃべったら、恐ろしい人が来るよ」とでも聞かされて、脅されていたのだろうか。今でこそ、新型の弾道ミサイル実験として、時おり日本政府の都合にタイミングを合わせたように、日本海に飛んできている状態であるが、一九八五年当時に北朝鮮から領空侵犯をして相模湾まで入ってピンポイントで日航機を打ち落とすほどの技術があるはずもない。当時そんな高度な技術があれば、いまさら実験などしているわけがない。例えば一九八三年の大韓航空機撃墜事件のように、北海道より北のルートでソ連（当時）にやられたというのなら話は別だが、単に北朝鮮の怖い人、という話にひっかかったとすると、当時の社員としてはあまりに情けない。しかしながら、普通に話ができないほど怯えている高木社長を目の当たりにして、吉備さんは気丈に言った。

「そんなら私が一人で行きます、って、そう言ったら、二人とも、え？　って顔を見合わせて。そしたらしかたがないから、政府に対して口が利ける人、日航の社員の中で、公家さんかなんか出身の人がついていくからって。その公家さんは私を先導して一緒にタクシーに乗って行ったんです。だけど、私は首相官邸に行くって言っているのに、知らない間に着いたのが運輸省だった。東京の地理に不案内だったから、結局運輸省に連れて行かれた。会議室のようなところに通されて、そこではある程度権限を持った人が出てきたと思う。

その男の人に『あんな遺体の扱い方ではいけない。遺族は納得しませんよ。身元を確認していない人も多いのに、すぐ荼毘に付すとは、裁判でも何でもしますよ』って言ったら、その人は『僕は東大の法科を出ている。法学部出身者です』と、やれるものならやってみろ、といった顔つきで言い返してきた。そこで『ほんなら話は早い、わかっているならなおさら』と、私も言った。逆にぎょっとしたような呆れた顔してはったね。『何か問題あるの？　法的に問題ありませんよ、まったく問題ない』って、すぐに答えた」

日航の大株主で監督責任もある運輸省の官僚であるならば、東大云々といった話を出すよりも、まずは遺族の気持ちを汲み、哀悼の意を持って誠心誠意接するのが当たり前ではないか。なぜすぐに自分たちの身を守ることを前面に出して防御姿勢をとるのだろうか。事故原因に関しても十月の時点ではすべてが明らかになっていないし、事故調査報告書もまだまとまっていない。「まだ今は詳細に調査中ですが、全力を挙げて対処します」というように当たり前の受け答えがまったくできていないではないか。

それとも女性が一人乗り込んできたことへの男女差別的偏見が先に立ったのだろうか。または必死に何かを隠そうとしていたのかもしれない。その真意はわからないが、いずれにしても高圧的で通常の人間の受け答えとは思えない振る舞いに遺族として怒りが込み上げて当然だろう。

さらに吉備さんは、運輸省の官僚にまだ身元確認が終わっていない遺体をさっさと荼毘に付そうとしている姿勢について意見を述べたという。

「それじゃ、今の遺体の管理はどうですか？　私の夫のように保存して検査を依頼していてもさっさと荼毘に付されたり、遺体を取り違えたりしている。そんな警察の失態を話し始めたら、『それはいかん、わかりました』と青い顔して。『そういうことでしたら、善処します』と。今から私が群馬に帰ると言うと、『急いで何とかする』という話でした」

この遺体取り違えに対しては、極めてまともな判断がなされたといえる。群馬に戻ると、急に命令があったのか、警察は突如全部の遺体を写真に撮っていたそうである。荼毘に付す日は延期されることになり、十二月まで冷凍保存をすることになった。

十二月二十日、施主を上野村とする身元不明ご遺体出棺式が群馬県スポーツセンターで行われ、十二月二十一日には群馬会館にて収骨供養、光徳寺の仮安置御遺骨とともに上野村役場に仮安置された。吉備さんは、十二月に入っても連日夫の部分遺体を探し続け、最後にようやく足首を見つけ出した。

保存されていた身元不明の遺体を荼毘に付すという日の前日、警察の中にも吉備さんの行動をわかってくれている人もいて、真夜中まで待っていてくれたそうである。吉備さんは全部の遺体を両手でさわって、「見つけてあげることができなくてごめんなさい」と、おわびをしながら、最後のお別れをしたという。

そこで私はあえて「事故原因を追及したら戦争になる」という話について、聞いたことがあるかを尋ねた。

「それはねえ、警察で河村さんと十月中に荼毘に付すという話をしていたら急に『戦争になる』という言葉が飛び出てきた。え？　なんで？　おかしいでしょう。私の父も戦死しているから、私も幼い時に朝鮮半島から屍乗り越えてきた引揚者で、ようやく生きて帰国した。そういう話なのかなあと思ったけど」

確かにボーイング社が修理ミスを認めているのだから、いまさら何も戦争にはならない。事故原因の話と戦争の話が一緒になるのは筋が通らない。

河村一男氏といえば、群馬県警察本部長で日航機事故対策本部長を務め、十二月二十四日の事故対策本部の解散まで百三十五日間にもわたり前例のない過酷な状況の下、捜査の総指揮を執った方である。責任感が強い人らしいが、事故原因の圧力隔壁説以外の説を荒唐無稽と断言していた。その人が、圧力隔壁だと言いながら、事故原因を追及すると戦争になると言うのは、どういうことなのだろうか。米国ボーイング社も日航もすべて認めているではないか。戦争になる要素など一つもなく、まったく辻褄が合わないではないか。この河村氏は警察を退職し、再就職をして大阪に行き、その後神戸に住まいを構えた。その再就職先から吉備さんに電話がかかってきたという。

その内容とは……。

「私のこと、新聞や本とかに名前が出ると、電話がかかってきてね。私を監視するためにわざわざ大阪に来たんやっていうてね。ずっと見ているぞっていう感じの話しぶりでした。あれえ？　まったく不思議なこと。事故はきちんと解明されていると信じ込んでるからね。監視はなんで？　高木社長に会いに行ったり、運輸省に一人で乗り込んだりしたからやろうか？　今思えば、そんな程度の問題とは違うやろ。きっと政府から何か言われていたんだろうなって。私らは国を信じきっているからね。でも、本当は違うんやなあって、そう思ったわ」

警察を辞めたからといって、元群馬県警察本部長として立派な事故関連の本も書かれている人が、再就職したとはいえ監視をほのめかすとはどういうことか。まず、監視そのものが通常では考えられない行為である。平成二十二年前後の話というから、すでに事故原因が明確にわかっており、本人も他の説を荒唐無稽と否定しているにもかかわらず、アメリカと戦争になる、という話はまったく意味が通じない。それにしても時々電話がかかってきたというが、なぜ遺族である吉備さんを監視する必要があったのだろうか、元警察幹部だった人がとるべき態度ではない。実におかしな言動だ。吉備さんの話は続いた。

「とにかく、おかしな話はたくさんあって。遺族もみんな連携しているわけではないのでね。日航の世話役の中でもOさんのように表向きはいい人なんやけど裏ではねえ、実際はあることないこと私らの悪口を言う人もいて……。それぞれが陰で何言われていたかわからない。遺族間で、相手と組まないように散々吹き込まれている。横のつながりがいまだに持てないんですよ。日航はいまだに私たちをご被災者と呼ぶし。主人は（山で）遭難者のままだから、何ぼ言っても直さない。私らは遺族でしょう。被災者やない。これも政府から日航が言われたのかなあ、わからへんけど」

日航側の作為を感じるような動きであるが、確かに世話役の中にはOさんのように組合対策に慣れた人がいる。それはお互いが連携して会社に不利な条件を突きつけないように、社員同士をケンカさせる手段である。

一九八五年頃は、客室乗務員間でも紅組、青組と異なる組合バッジを付けてステイ先で食事も別々に取るなど、お互いに避けていた人も多かった。しかし、遺族間が連携しないように組合対策と同じ方法で対応していたとするならば言語道断だ。

それからいつまでも被災者と呼ばれるという点については、過去の社員名簿をチェックしてみたところ、担当部署は「ご被災者相談室」のままで毎年記載されていた。亡くなった方を遭難者、遺族を被災者としているままである。いつも曖昧な言葉でははぐらかして表現するのが日航の社風でもあったが、遺族は被災者ではないのは確かだ。その呼び方に抵抗があるのは当然である。

墜落現場の御巣鷹の尾根にたてられた墓標

最後に、

「主人の戒名がですね。これなんです。妙響院《みようこういん》釋了信《しやくりようしん》。お坊さんに訊いたら、言いたいことがある、世界中に響かせよ。という意味らしいです。これは『事故原因をはっきりさせて』という主人の遺言や。そう思ってね。こうして頑張っているんです」

と戒名の話をされた。

一つの使命感、それが彼女を一層強くし、積極的に行動を起こさせている。

何でもはっきりさせたい、という性格だったというご主人からのメッセージなのだろう。

吉備さんも事故原因を究明したいと粘り強く思って生きてきた三十二年間だったといえよう。他にいろいろな話が続き、あっという間に二時間以上が過ぎた。

それにしても、遺族同士の連携が取れないようにあることないことを吹聴して分断させていたとは何ということだろう。それが世話役によって仕組まれたとすると、その目的は何なのだろうか……。

会社にとって都合が悪いことといえば補償関連の問題だろうが、確かに吉備さんがおっしゃるとおり、遺族にもいろいろな人がいて、神戸や大阪という土地柄から暴力団関係の愛人が亡くなったことで、命の値段に差があるという記事もあった。他の遺族も当然、暴力団とは関わりたくないという気持ちもあった。しかし、それだけであろうか。事故原因から目をそらさせるような目的もあったのではないだろうか。

一九八九年十一月二十二日、「事故の真の原因究明は法廷で」という国民二十六万人分の署名を集めた遺族の声もむなしく、米国ボーイング社、日航、運輸省関係者全員の不起訴処分という結果になった。遺族側はこれを不服として一九八九年十二月十九日に前橋検察審査会に申し立てをした。その後、遺族会は前橋検察審査会から「日航機事故不起訴不当」という議決を受け取った。当時はそれに法的拘束力がなく、検察側は淡々とその結果を受け取り、これでおしまい、と言い放った。一方、審査会の議決書には遺族側の深い思いを汲み取って、精いっぱい配慮した内容で、遺族にとっては最高の判断を得たということだった。また、吉備さんら数名の遺族は日本の弁護士数名と共に、事故原因の究明を求めて米国ボーイング社を相手に本社のあるワシントン州シアトル（当時）の裁判所に訴訟を起こした。しかし、結局は日本に差し戻し、さらに裁判長の自殺という噂が伝わった。吉備さんたちは「これで誰も信じられへん、司法権は独立と言いながらしっかり日本ともつながっている。アメリカにも裏切られた」という気持ちになったという。最後は和解してくれという結果になったが、本当はそういうことを求めているのではない。その気持ちが痛いほど伝わってきた。

まだ心穏やかではない遺族がいることは確かである。あきらめがつかない遺族にとっては、いまだに疑問点を解明できていないことが一番つらいことである。

それにしても高木養根日航社長の言動、戦争の話、遺族への監視、これらを考えるとこれは単なる事故ではない、複雑な様相を持つ事件であると確信した。

高木社長は歴代の日航社長とは異なり、初の生え抜き社長であった。つまり、政府によって送り込まれた経済界や運輸省からの天下りではなく、日航の社員として共に働き、私たち社員の最も身近な存在であったはずである。社長を辞任した後も町田直元副社長と共に相談役に就任した。毎年御巣鷹の尾根に登っていたというが、山の斜面の墓標の前で何を語り、何をつぶやいていたのだろうか。その後、日本航空もあっけなく倒産したことをどういう思いで見ていたのだろうか。

数日後、当時を知る広報や航務、社長秘書室などで働いていた複数の日航社員に、吉備さんの話をもとに確認をしたが、いろいろと思い当たるようであった。さらに事故原因についてはこんな返事が返ってきた。

「そういうことはねえ、今、言っちゃいけないんだよ。私たちが死んだあと、ずっとずっと後にいつかはわかることだから。米軍が絡んでいるんでしょ？　たぶんね」

だから、警察による「アメリカと戦争」という発言につながったのだろうか。そうなると、社長が怯えていた先は北朝鮮ではなく、米軍の特殊部隊などが襲いに来るという妄想だったのだろうか。

いずれにしても、当時の社内関係者の間では、すでに事故の原因を後部圧力隔壁説と考えてはいないようだ。当時、社内の関係部署に対する運輸省や政府の様々な圧力や言動から、事故原因が公式発表とは異なることについて思い当たることがある、ということなのだろう。

ただし、「自分たちが死んだずっと後」という表現は、当事者や遺族の視点が無視された実に不透明で無責任な言動だと感じる。関係者の中には「今は無理だが退職して年金をもらったら話す」という人もいて、結局のところこれが今、日本中を覆っている「忖度《そんたく》」という本来の意味より歪んで用いられている言葉に表象された現象なのではないかと考える。

それは見えない何かを恐れながら、単に自分の利益と保身を優先して生きていることに過ぎない。

何を信念として日々生きているのか、それは己や世間に対して正直な生き方なのか、その答えは今日の日本人一人一人が考えなければならないことである。

2　山下徳夫運輸大臣の記憶

突然、一本の電話が拙著の担当編集者宛てにかかってきた。「山下徳夫です」という声に編集者は状況がよく呑み込めなかったが、話を始めると当時の運輸大臣の山下氏であることがわかり、大変驚いたという。実は私の本は様々な人を介して、事故時に関わった政治家、政府関係者、米国内の知人や大学教授などに謹呈していた。その中で直接本人が電話をかけてきたのにはびっくりした。ぜひともお会いしたいというご希望で、私と編集者は指定されたフランス料理のレストランに出向いた。

二〇一〇年十一月十日、柔らかい日差しで秋の風情を感じる昼下がりのことである。少し時間に遅れてしまった私は、すでに席について後ろ向きの山下氏の背中に向かって、遅くなりましてすみません、と声をお掛けした。

振り向いたその顔は当時九十一歳ということだったが、かくしゃくとした雰囲気だった。

メガネを持ち上げながら立ち上がり、向かい側の席を指して、私にどうぞとおっしゃった。

「貴女ですか。怖い人かと思いましたが違いますね」そう言って、少し緊張した面持ちだったが、和らいだ表情になった。

美味しい料理の合間に、編集者が持参した資料や写真をもとに当時の記憶を聞いてみた。

「今でも忘れませんよ、特に二階席で私にサービスをしてくれた貴女の先輩のスチュワーデスさん。あの人は本当にいい人だったなあ。そう木原さんだね。事故後にしばらくして、議員会館にご主人が訪ねてこられてね。お会いしたよ。美容デザイナーとかで、そのご主人の髪型がアフロヘアーっていうか、もこもこしていて、それが印象深かった。あの飛行機には、私が直前に福岡から東京まで乗ったんだけど、あれが事故に遭うなんてね。乗務員の皆さんの顔も浮かんできますよ。本当にねえ……。あの時、飛行機に不備がなかったかって関係者にいろいろ聞かれたが、あの飛行機は別に変ったところはなかった。いつもと同じだったね」

メインの肉料理もペロリと召し上がって、なかなかお元気そうな話しぶりだった。「貴女の本でも私を批判していたけど、まだ全部読んでいないのでね。そのうち全部読んだら感想を述べます」と言われたが、それほど批判を書いたつもりはない。

もしかすると、墜落地点が一晩中見つからなかったことへの弁明として、山下氏が言った「自衛隊のヘリが夜間飛行できず、いろいろと危険性が伴うため夜間降下できなかった」という答弁の部分だろうかと思った。

それについては「あれはねえ、そういうようになっていたからねえ。当時はそう思ったのですよ」というとても歯切れの悪い答えだった。

いくらなんでも有事があるのは昼間だけとは限らないではないか、例えば、習志野駐屯地の第一空挺団は夜間投下やラペリング(注1)の訓練はしており、さらに航空自衛隊入間基地で輸送機(C－1)に乗り込んで夜間の落下傘で真っ暗闇の中、飛び込んでいくということを聞いたと話してみた。それに対しては、まあそうだねえ、という反応であった。

「そうそう、これね。今でもこうやって川上慶子ちゃんの搭乗券のコピーをお守り代わりに持っているのですよ。貴女の分もコピーしてきたから。お隣の編集者さんにも差し上げます。これは日航に頼んで残りの半券をもらったのですよ」

山下氏はそう言って、おもむろに財布から搭乗券のコピーを取り出した。川上慶子という名前と行き先、座席番号、搭乗口が書いてあり、当時の懐かしい搭乗券に一気に昔に帰った気分になった。

実は山下氏は事故機の直前の便に搭乗したことだけではなく、驚くべき経験をしている。

一九七二年のインド、ボンベイ空港取り違え誤認着陸によるオーバーラン事故に遭遇し、その時、隣の席には１２３便の機長、高浜雅己氏が乗っていたのだそうだ。高浜機長が「このような事故を引き起こして迷惑をかけて申し訳ない」としきりに話していたことを思い出すとのことだった。隣にまさか、と思ったが、そういう偶然があるのだなあと妙に感慨深く、不思議な気分になった。キャプテンは時折デッドヘッド（業務中移動）で、ファーストクラスの空いた席に座ることが多かった時代である。事故機で山下氏とこのような会話を交わし、その十三年後に、今度は１２３便事故の機長と運輸大臣という関係になるとは夢にも思わなかったに違いない。

ボンベイ事故とは、滑走路が短い別の空港に誤着陸してしまったためにオーバーラんして、乗客九名、乗員二名が負傷した事故のことで、山下氏も全治一か月の怪我を された。

　この時の飛行機は『空の貴婦人』とも呼ばれたサンマのように細長いＤＣ－８－53型機で、私も引退直前のＤＣ－８で、何度か国内線を飛んだ記憶がある。天井が低くて胴体が細長いため、タービュランス（乱気流）の時は大きくしなり、後ろのギャレー担当の時は手すりにしがみついていないと天井に頭をぶつけると先輩に教えられた。実際、天井にはボコボコとクルーがぶつけた頭の跡がついていた。

　さらに、山下氏は一九八二年の日航機羽田沖墜落事故の際も、席を予約していたのに用事のために一便遅れて助かった、という経験も持つ。

　これほどまでに飛行機事故と関係が重なる人も珍しい。だから川上慶子ちゃんの搭乗券をお守りにするのだろうか、あの日を忘れないという気持ちも強いようであった。

　そこで、記憶が鮮明でいらっしゃるようなので、今度は編集者が持参した窓の外を映した写真を一枚ずつ取り出してお見せしながら山下氏に鋭い質問を投げかけてみた。バーンと音がした後の機内で、スチュワーデスが冷静に酸素マスクを口に当てて、通路に立ち、乗客に付け方を教えている写真である。乗客の皆さんの背中が写っているが、皆半袖姿で毛布もかけず、さほど寒そうには見えない。上部の荷物収納扉もそのままで、物も飛び散ってはいない。

「これは急減圧がないように見える機内の写真ですが、どうですか。事故原因の急減圧があったとは思えない風景だと思いますが、いかがでしょうか。しかし、事故調査委員会はこの写真を証拠としてはまったく取り上げませんでした。次はこの窓の外を写した写真ですが、ご存知でしたか。相模湾の向こうに富士山の影が見えて、飛行機の翼の先が写っています。おそらく窓から外の風景を写したのでしょうが、他の写真に比べて、一枚黒い点のあるものがあります。この黒い点に見えるものですが、その前後の同じような風景写真を見てみると、黒点がありません。つまり、窓のシミでもなければ、ごみでもないことがわかります。そこで、知り合いの研究者に頼みまして、画像専門の解析をする研究所で拡大分析をした結果、黒点をだんだん大きく拡大するとオレンジ色になることがわかりました。その写真がこれです」

そういって、次の拡大写真を出した途端、ナイフとフォークを置き、両手を広げたオーバーなポーズで、山下氏はこう言った。

「なんだ、これは！」

広げた手も大げさだが、目も見開いて驚いて見せたその顔は、思わず編集者と顔を見合わせて噴き出すほどのポーズだった。それは、かなりわざとらしいリアクションであった。

その拡大写真を目の前に置いて、

「このようにオレンジ色っぽい物体です。この高度で飛ぶ鳥でオレンジ色のものなどいません。鳥ではないとすると、一体何でしょうか？」と話すと、

「さあ、何だろうねえ」と、首をかしげながら画像を見ていた。

「山下さん、当時これを知っていらっしゃいましたか？」

　その時、山下氏は、どうだったかなあ、という表情であった。

「このオレンジ色の物体ですが、画像専門家によると、向こう側に熱の波動が見えることから、何らかの動力によって物体がこちら側、つまり飛行機側に向かって飛んできていると推定されるということでした。具体的に見ていくと、黒点に見えるものは中心から右への帯状、または扇状になってオレンジがかっているそうです。その形ですが、円錐か円筒状のもので、この写真は正面から、若干右斜めからとらえた、という感じでしょうか。また、このオレンジ色はシルバーの物体が夕日を浴びて輝いているかもしれない、そういう分析結果でした」

「ほう、そうか、なるほど」そう答えながら目の前の料理を召し上がっていた。

「自衛隊の無人標的機とか練習用ミサイルとか、そういうものがオレンジ色に塗られています」と、編集者が語った言葉に対しても動揺する様子もなく、むしろわかっていたという表情だったことは、編集者と私が同様に感じたことである。

　もしそうであれば、わかっていながらそれを無視したのか、それともそうせざるを

得なかったのかわからないが、それ以外のことは明確には意思表示をされなかった。少なくとも当時の運輸大臣としてこの写真を見て、オレンジ色の物体を知っていた様子であったと推定する。

他に、亡くなった木原さんに機内でもらったおもちゃを渡した当時のお孫さんの話などをしながら、防衛庁長官だった加藤紘一氏や自民党宏池会の話、さらに私がフライトでお会いした政治家の話などをした。それにしても当時の運輸大臣とこうやってテーブルを挟み、あの日の話をすることなど想像だにしていなかった。

後日、また出版社に電話があったが、「すべてちゃんと読みました。貴女は本当に先輩たちのことをよく書いていますね。教科書にしたいくらいだね」という言葉を聞くとは思ってもいなかった。

直接会って話をするということで、その政治家の人となりが少しわかってくる気がする。

目の前に座っていた山下氏は、普通の人の好いおじいちゃん、という感じであった。ただ一つ、確実に言えることは、事故原因は違うのではないだろうかという話に対して、「とんでもない」とか「それは嘘だろう」「これ以上は調べないほうがよい」などというようなリアクションは一切なかったことである。私が話すことを、さもありなん、という顔で聞いてくださったことはとても不思議であった。

例えば報道関係者やこの事件についての情報量が少ない人に話をした際、急に相手が怖気づいたり、または逆に嚇《おど》かされたような気持ちになったりした時とはまったく異なる対応である。

むしろ山下氏のほうが話しやすかったのはなぜだろうか。実は他にも率直に政治関係者にこの話をしたことがあったが、その時も同じ反応であった。それほどまでに政治の裏側ではいろいろなことがあるということなのだろうか。

そこで湧いてきた疑問は、仮に事故原因は別にあるとして、それを山下氏はいつ知ったのだろうか、ということである。何か不穏なものをうすうすは感じていたかもしれないが、例えば運輸省の官僚、自衛隊、米軍、首相などを介するうちに、どこかで事実がゆがめられていたかもしれないという疑念もあっただろう。大臣という地位にあっても、すべてを正確に把握できる環境になかったのかもしれない、そう強く感じたのは、山下氏の別れ際の一言だった。

「あのね、日本は何でもアメリカの言いなりだからね。遺族が再調査を望むのであれば、ぜひすべきだと思う」

ここでもアメリカが出てきた。これがどういうことを意味するのかはわからないが、この言葉は山下氏の良心から出た五百二十名へのメッセージだったと確信する。

ただ、事故原因にかかわらず、すべてを含めての意味かもしれないが、言いなりという言葉がちょっと引っかかる。

本当に言いなりなのだろうか……。

その言葉には国家としての主権も政治家のプライドもないような気がする。

例えば今、福島出身者へのいじめの問題が騒がれているが、事実が解明されて情報が共有されればこそ、そこにいじめがあって加害者がいるということがわかり、再発を防止する対策が講じられる。それによっていじめられた側の人権もこれ以上侵されないようにすることが可能だ。ところが、そのいじめの実態を隠蔽すれば相手の思う壺となってしまうのは事実だ。いつまでもそのいじめは続いてしまうし、加害者の言いなりで生きていかなければならない。

国でいえば、ずっと主権や国益を失い続けている状態といえよう。それでは戦後の政治はまったく機能してこなかったということになってしまう。

これはよく言われるような国の軍隊が強いか弱いかの問題よりも、むしろ国家間の交渉過程における毅然とした態度そのものが重要なのではないだろうか。矜持のある振る舞いや真摯な態度は驚きと尊敬をもたらし、それが結果的に国益を守ることにもつながる。

様々な状況で生じる自分側のミスも相手の脅しも隠蔽するのではなく、必ず情報を開示するという姿勢を持つことこそが相手の襟を正させるのではないだろうか。

もしかすると、「言いなり」ということを利用して、自分の損得に絡める人が内外に存在し続けるからこそ、いつまでも言いなり状態が続くのではないだろうか、という疑念も湧く。

例えば何か不都合が生じた場合、相手国のせいにすることで、日本人として自国民を説得しやすい共通の意識が生まれてくるからだ。

それを知りうる人たちが見て見ぬふりすることによって結果的に自滅への道をたどってしまう。その不確かな情報をもとに行動するから、戦争になりやすく、歯止めが利かなくなってしまう。

中曽根氏が著書で語った『あの時は官邸から米軍に連絡は取らなかった。しかし、恐らく防衛庁と米軍でやり取りがあったのだろう』という言葉が本当のことだったとするならば、首相という存在を自ら否定していることになる。首相を飛び越えて勝手に防衛庁が米軍とやり取りをしていたのであれば、その結果もたらされた責任の所在はどこにあるのか。立場における責任というものを安易に逃れることばかり考えているとしか思えない。

このような重大な局面においても、いざとなった時の責任の曖昧さに、上野村村長の黒澤丈夫氏は怒りがこみあげてきたのだろう。そして「これで彼は本当に海軍の軍人だったのだろうか」と、我慢がならなかったのだろう。

もう一つの疑問は、実際のところ中曽根氏も、どこまで本当のことを知り得たのだろうかということである。首相のところにすべての情報がきていたのだろうか。

一九八五年八月十四日の『ジャパンタイムズ』紙の記事によると、事故発生の翌日、十三日に中曽根首相と加藤紘一防衛庁長官が、マンズフィールド大使同席のもとで、米軍のクラフ米太平洋軍司令官とティッシュ在日米軍司令官に会い、加藤紘一防衛庁長官からクラフ氏に勲章を渡している。その勲章は「The First Class Order of the Rising Sun」というものであったと記載されている。そして、米空母ミッドウェー艦載機の発着訓練基地の確保、自衛隊の継戦能力の充実、防衛協力に関する首相の努力などについて語り合っていたという。継戦能力とは有事の際に、組織的に戦闘を継続可能にする能力のことであり、独力で侵略を排除できない場合は、米軍を待たなければならなくなり、日米安保体制に大きく関わる重要なことである。なお、能力維持での作戦としては、ミサイル、弾薬、魚雷などの備蓄や補充人員の確保などがあげられる。

しかしながら、十二日に墜落事故が起きて、今まさに現場で遺体を収容している翌日に勲章を渡すとはどういうことなのだろうか。このようなおめでたい話には緊急性がないので、通常はお互いに配慮をして延期することも可能なはずである。

アントヌッチ中尉（当時）の証言によると「墜落上空でいち早く駆けつけた米海兵

隊を帰還させて他言無用の指示を出した」在日米軍の最高責任者に、墜落現場にまだ行っていない首相が、何に対して勲章を授けてあげたのだろうか。

（注1）ラペリングとは、ホバリング中のヘリコプターや急斜面の崖、ビルなどの高所から、ロープを使って懸垂降下することをいう。

3　目撃者たちの証言

あの日、日航123便の機影を見たという人は実に多い。

当時の新聞報道にもいくつか列挙して書いてあるが、私の公式サイトに寄せられた目撃情報の中で信憑性があるものとしては、練馬の高台にある公園での目撃、玉川学園前駅、横浜市こどもの国駅北側付近、西武球場で行われていたチェッカーズのコンサートオープニング時、埼玉県高麗《こま》川、相模湾上空、静岡県焼津高草山へ向かう途中、静岡県藤枝市、静岡県焼津付近東名高速道路上、相模原市、横田基地周辺、神奈川県相模原市緑区佐野川の上岩付近、山梨県上野原付近、山梨県牧丘付近、群馬県長野原、長野県川上村の高原や野菜畑等々、目撃者の見た飛行機を点と点で結ぶと、本当の飛行ルートが明らかになっていく。

さらに不可解なことは高度である。高度もそれぞれのチェックポイントの公式発表とは異なる部分も多く、事故調査委員会の発表で二万四千フィートと書かれた地点での目撃情報は実は超低空飛行状態だった。さらに飛行機の窓が目視できるほどの低空だったという証言もある。

一般的に目撃情報は不確かな部分もあって当てにならないとも言われるが、それは「男かと思ったら女だった、子どものように見えたが背の低い大人だった」「三角だと思ったら四角だった」など、何らかの形を対象とした目撃情報の場合といえる。飛行機という巨大な物体の場合、いつもの飛行ルートではないところを超低空飛行で飛ぶ、という目撃情報はその地域の住民にとって確実なものである。さらに地元の人が地名も具体的にあの○○山の方向、という表現は正確で、複数の人が同時に見ているとすると、裁判記録としては有用なものになる。実際、自衛隊機と衝突した雫石事故においても、飛行ルートを解明する手がかりとして目撃情報がきちんとした証拠として取り上げられていることは先にも触れた。

●ファントム二機と赤い物体の目撃者

二〇一五年九月、「青山さんに聞いてもらいたい目撃情報がある」ということで突然出版社を訪ねてきてくれた女性がいる。その人は一九八五年八月十二日に目の前を異常なほど低空で飛ぶ日本航空123便を見た、とのことだった。担当編集者がたまたま在席していたが、次の予定があって私の代わりに少し話を聞いて職場の名刺と連絡先を受け取り、そのままになってしまっていた。今回の出版が決まって連絡をすると快く対応してくださり、改めて話を聞く機会を得た。

現在は東京にて福祉関係の仕事をしていらっしゃる小林美保子さんは、一九八五年当時二十二歳で、実家から静岡県藤枝市にある運輸関係の会社まで車で通勤していた。八月十二日のあの日は、お盆前で仕事が忙しく、いつも十七時半で終わる予定が十八時三十分頃になってしまった。

タイムカードに打刻をして階段を下りて外に出た瞬間、「キャーン、キャーン」と二度、すさまじい女性の金切り声のような音を聞いた。絶叫マシーンに乗った人の悲鳴のような凄い高音で、驚いて頭上を見上げると目の前を低く右斜めに傾きながら飛行しているジャンボジェット機が見えた。

ちょうど会社の敷地内で前方に東名高速道路が見える位置だった。自分の背中側から飛んできたジャンボ機は白い塗装に日航のシンボルカラーである赤と紺色の線が入っていた。駿河湾の方向から富士山のある北の方角に向かって、ゆっくりと右旋回しながら飛行しており、はっきりと窓も見えるほど高度が低い状態だった。飛行そのものは安定している感じだった。それにしてもいつもの航空路ではないこの場所で低空飛行のジャンボ機を見るとは思ってもいなかった。

　そしてその時、あることに気付いたのである。

「それはですね。機体の左下のお腹です。飛行機の後ろの少し上がり気味の部分、おしりの手前くらいでしょうか。貨物室のドアがあるような場所、そこが真っ赤に抜けたように見えたんです。一瞬火事かな、と思ったけど、煙が出ている様子もない。ちょうど垂直尾翼のあたりがグレー色でギザギザのしっぽみたいだったので、それが煙に見えたけど……、煙ならたなびくけど、それは動かなかった。今思うと、千切れたしっぽのギザギザが煙のように見えたんですね」

　真っ赤というと火事かと思いきや、そうではないという。

「そのお腹の部分、つまり飛行機の左側のお腹の部分、四〜五メートルくらいになるのかなあ。貨物室ドア二枚分ぐらいの長さでしょうか。円筒形で真っ赤。だ円っぽい形でした。濃いオレンジ、赤という色です。夕日を浴びて赤い、という感じでもない。夕日は機体の背を照らしていたので、逆にお腹はうす暗く見えました。円筒形のべったりとした赤色がお腹に貼り付いているイメージ、言葉で伝えるのは難しいけど。絵に描くとこんな感じかなあ」

　次頁に飛行機の模型を使って、絵に描いてもらったものを再現してみる。

機体に穴が開いているのでもなく、腹部にべっとりと貼り付いているように見える赤色とはなんだろうか。ずっと気になって疑問に思っていたという。

その機体を見た後、いつもどおりの道を車に乗って帰宅途中、今度は目の前を飛ぶ二機のファントム（F－4EJ）を見た。時間は先ほどのジャンボジェット機を見て五分くらい過ぎてからだという。田舎なので高い建物はなく、突然視界に入ってきた。浜松の方向、西の位置から飛んできたと思われるファントム二機はジャンボジェットが飛び去った方向に向かい、それを追うようにして、今では新東名（第二東名）高速道路の方向、山の稜線ギリギリの低空飛行で飛び去っていった。時間は十八時三十五分頃である。まだこの時点で日航機は墜落していない。しかも公式発表で十九時五分に出動となっているファントムが、すでに実際に飛んでいたことになる。

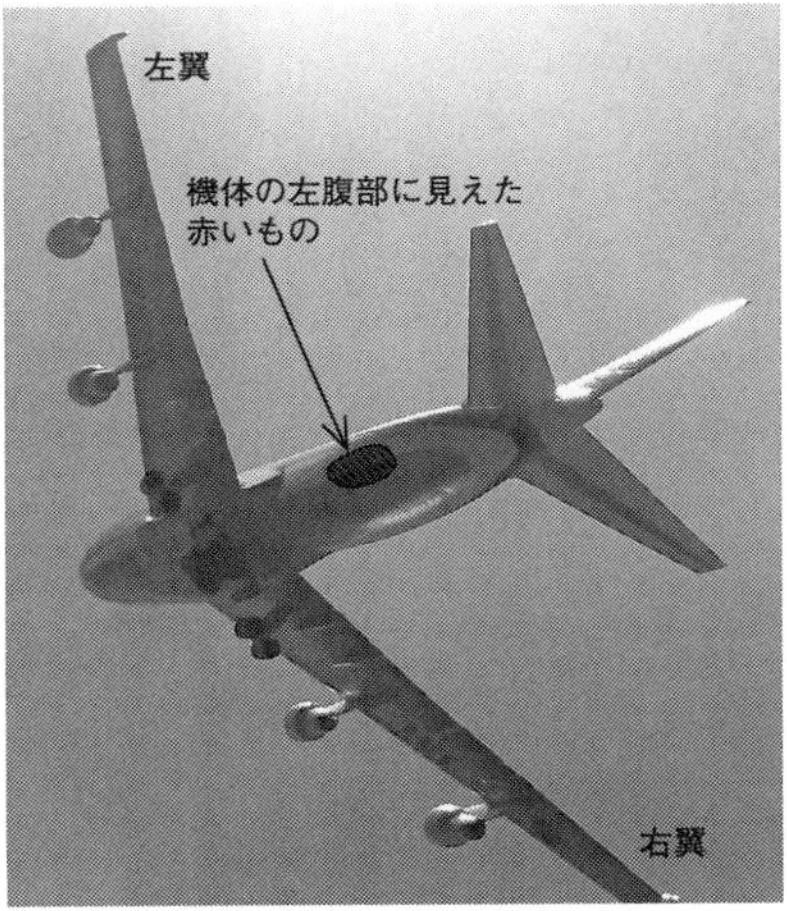

小林さんが目撃した123便と赤いもののイメージ

小林さんは子どもの頃から近くにある航空自衛隊第十一飛行教育団静浜基地のこどもの日イベントや航空祭で、よくブルーインパルスなどを見ていたという。航空祭の前日にはいつもいろいろな飛行機が飛んできていたし、ファントムの展示もあったのですぐわかった。ファントム二機は少し斜めぎみに頭をあげた状態で飛んでいった。

「場所は大洲中学校あたりの道路を西に向かって走行中に見えてきました。ずいぶんと低い高度で北の方向に稜線ギリギリで飛んでいった。日航機の飛び去った方向でした。その後、家に着いたのが十八時五十分より前だったので三十五分頃に見たのは間違いない。きっとニュースで放送されるから見なくっちゃって思いながら帰りました。そして家に着いたらまだ七時のＮＨＫニュースが始まっていなかったので、時間はよく覚えています」

それではＮＨＫの臨時ニュースで「あ、この飛行機を見た」と思い、びっくりしたでしょうと話すと、

「いいえ、違う飛行機のことだと思っていました」という。その理由について尋ねると、

「だって、私が見たジャンボジェットのほうはすぐにファントム二機が追いかけていったから。大きなトラブルではなかったからニュースにならなかったんだ、と思っていました。それよりも今日はとても大きな事故があったんだと思った」そうである。

なるほど、ファントム二機がすぐ後を追っていったので助かったと思い込んでいた、

ということだった。つまり、さっき自分が見た飛行機はまだ明るいうちにファントムが追尾してくれたので、当然のことながら何が起きたかわかるし、着陸地点もわかるので、報道された行方不明機ではないと思い込んだそうである。その後、いろいろな本や報道で特集されたものを見ているうちに、もしかして自分が見たものは日航123便ではないかと気付いたが、何か見てはいけないものを見たような気がして、恐怖心が出てきたこともあり、記憶から遠ざけていたということであった。

その後、何年か経って東京で暮らすようになり、「青山さんの本を手に取ってみて、身近な同僚を亡くされたということに、読んでいて同じ気持ちになって……。これはぜひ私が目撃したことを青山さんに聞いて頂きたいと思いました。それに女性だと話がしやすいし、勇気を振り絞って、いつか話に行かなきゃって、思い切って会社に行ったのです」ということだった。確かにご遺族以外の女性がこの事件を書いた本は他に見当たらず、先輩を亡くした当事者意識が共感を呼ぶと言っていただいたことはうれしい一言だった。

それにしてもべっとりと貼り付いたように見えた真っ赤な火事のように見えるオレンジ色のものとはなんだろうか……。

だ円や円筒形のような形で、まるで絆創膏を貼っているように見えたそうだ。そうなると、五分後に追尾していったファントム機の乗務員もその物体をしっかり見たであろう。そしてそれをどのように理解し、どのような報告をし、どのような命令を受けたのだろうか。

ファントム機が追尾したならば、それによって墜落地点が早急にわかり、すぐに生存者を救出することが可能となろうが、小林さんが子どもの頃から身近に感じて信頼してきた自衛隊のお手柄。という結果にはつながらなかった。

目撃者にとっては救助をしてくれたと思って安堵した存在であったファントム機が、なぜ公式記録には出てこないのかもいまだに不思議な話である。

小林さんにとって、何年経ってもあの時の飛行機が発した悲鳴にも近い高音が忘れられないという。

「キーーン」と女性の悲鳴にも似た甲高い金属音は、機体の音というよりも機内の人たちの心の悲鳴だったのではないだろうかという思いが胸に残る。その時小林さんは、乗客たちの「助けてほしい」という心の声が聞こえたような気がしたと語っていた。

心の悲鳴が聞こえた……。機内の人たちはこの声を誰かに聞いてほしかったのだ。

十八時三十分頃というと遺書を書いた人も多かった時刻である。

まだあの時点では、飛行にも支障がないように安定して見えたとのことで、着陸を予定して徐々に高度を下げて低空飛行をしていたのだろう。

　その時、垂直尾翼の部分がギザギザに壊れた状態であったことが目視できたということだが、事故調査で発表された静岡県焼津付近の高度は二万四千九百フィート（七千四百七十メートル）である。その高度では、お腹も垂直尾翼も地上からはあまりに遠すぎてクリアに見えない。しかし、現実には、他にも東名高速道路や新幹線の駅でも超低空飛行するジャンボ機が目撃されている。一九八五年八月十五日付『毎日新聞』には、当日、新幹線広島発東京行きひかり252号に乗っていた埼玉県大宮市の主婦S・Iさん（三十七歳）の証言として、『午後六時半ごろにジャンボ機が超低空で山側へ向けて飛んで行った。やや右下がりの飛行であんな場所でジャンボ機を見たのは初めて』という記事がある。

　目撃者たちの見た高度は、群馬の山々の稜線から見て千メートルちょっとの低さであろう。

　小林さんにはっきりと見えた超低空飛行中のジャンボ機、その左腹部にあった赤色の正体は何か。彼女が抱えてきた長年の疑問として、とにかくこれを誰かに解明してほしいというのが切実な願いであった。

　それが「心の悲鳴」を聞いてしまった人としての役割だということで話に来られたのだろう。

一体何がそこにあったのだろうか……。

しかも破壊された垂直尾翼ではなく、胴体部分に位置する赤色の物体である。例えば、貨物室のドアが開いて、室内にあった何か赤色の物がはみ出したとも考えられない。それならば、ドアオープンのサインが出て、すぐコックピットでわかったはずである。そうなると、機体の外側に付着していた、またはそのように見えた、と考えるほうが自然と筋が通る。これについては考えられる仮説を第四章で提示したい。

もう一つの疑問、ファントム二機についてであるが、これも墜落前の時刻に自衛隊員によって明確に記述された目撃情報がある。

群馬県警察本部発行の昭和六十年十月号『上毛警友』という冊子は日航機墜落事故特集号として、警察関係者のみならず救助や捜索に関係した、医師、日赤、報道、地元消防団、ボランティアなどあらゆる部署、現場の人々の手記が掲載されている。表紙は生々しい煙が立つ上野村の墜落現場の写真である。それぞれが経験した「あの日」のことが書いてあり、仕事や役割とはいえ、これほどまでに大変な思いをして任務にあたったのかと本当に頭が下がる思いで読んだ。

その一二二ページに『日航機大惨事災害派遣に参加して』というタイトルで、自衛隊第十二偵察隊（相馬原）の一等陸曹、M・K氏の手記がある。その出だしを読んだ時、これは確実な目撃情報だと確信した。

「八月十二日私は、実家に不幸があり吾妻郡東村に帰省していた。午後六時四十分頃、突如として、実家の上空を航空自衛隊のファントム二機が低空飛行していった。その飛行が通常とは違う感じがした。『何か事故でもあったのだろうか』と兄と話をした。午後七時二十分頃、臨時ニュースで日航機の行方不明を知った。これは出動になると直感し、私は部隊に電話をしたが回線がパンク状態で連絡がつかない」（原文ママ、以下略）

この後タクシーで向かったが、所属部隊はすでに二十時半に第一陣偵察隊として先遣されていたという。

自衛隊員がファントム機を見た、ということで見間違いはあり得ない。警察の編集する冊子に、当日自分が経験したままを書いたのであろう。この記述によって、群馬県吾妻郡上空を十八時四十分頃ファントム二機が飛行していたことが明らかになった。そうなるとやはり、小林さんが語ってくれた静岡県藤枝市上空を十八時三十五分頃にファントム二機が通過したという目撃情報と一致する。したがって、明確にしておかなければいけないことは、まだ明るい墜落前に航空自衛隊では日航機を追尾して飛行状況を確認した。さらに墜落するその時までしっかりと見ていた、という事実である。もはや墜落場所が一晩中特定できなかったという言い訳は当然のことながら通用しない。

問題なのは、なぜ墜落前に飛んでいたファントム二機の存在を隠し続けているのか、ということである。どうしてもそうしなければいけない理由があったとしか考えられず、それがこの事故を事件ではないかと感じた理由である。

さらに目撃者は続く。墜落現場となった上野村では多くの人たちがあの日の晩、いろいろなものを目撃している。特に注目すべきは子どもたちの目である。子どもたちはその小さな目で真実を見たのである。

第三章 『小さな目は見た』というもう一つの記録

上野村「慰霊の園」の慰霊塔。合掌する手のイメージで、その先８キロメートルのところに墜落現場がある。設計制作は群馬県出身の巨石彫刻家・半田富久氏

1　上野村小学校、中学校の文集が語る二百三十五名の目撃証言

『小さな目は見た』という文集との出会いも、多くの人たちの良心によって導かれたとしか思えないものである。

群馬県の図書館から取り寄せたその文集の表紙は、長い年月を感じさせるような薄茶色に染まっていた。小学校低学年では一部教師が代筆したところがあるが、子どもらしい語り口で書かれたその文集はすべて手書きである。あの日、自分が体験して見たまま書かれたその内容の中には、驚くべき記述も多数あった。

一冊は、群馬県上野村立上野小学校百四十八名の日航機墜落事故についての文集『小さな目は見た』（一九八五年九月三十日発行）、もう一冊は、群馬県上野村立上野中学校八十七名の日航123便上野村墜落事故特集『かんな川5』（一九八五年十月一日発行）である。どちらも事故発生後すぐに書かれたものであり、記憶が鮮明なうちにしっかりと詳細に書いている。

上野村立上野小学校の当時の校長、神田箕守氏は文集の発行について次のように書き記している。

「（略）子ども達は多くのものを見聞し、多くの事を知りました。多くの事を考えま

上野村立上野中学校の文集

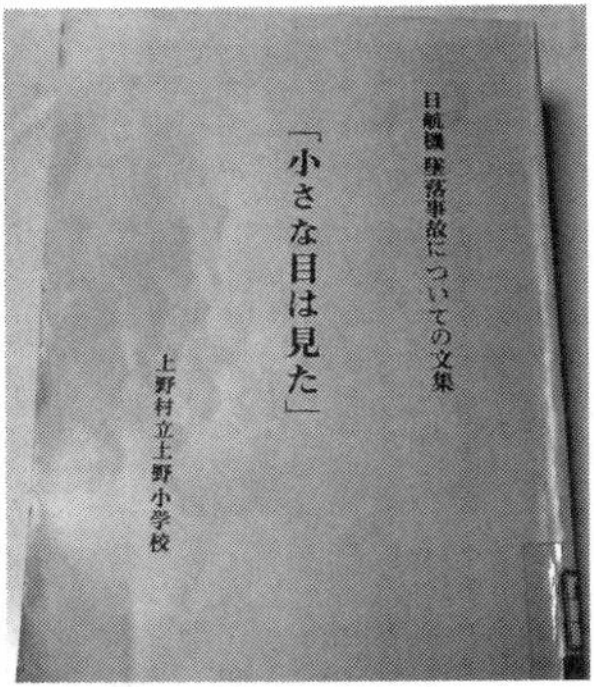

上野村立上野小学校の文集

した。だがこの貴重な体験もそのまま放置するならば、やがて忘却の彼方に消え去る事は必至であります。体験が生々しい中に、考えが新鮮な中に、それを深め、まとめておくことが、子ども達の長い人生に役立つことであり、尊い犠牲者の皆様の御供養に通ずるものと考え、『日航機事故について』の文集を作ることを計画いたしました。（略）」（原文ママ）

　未来を担う子どもたちのために、実際に見聞きした体験談を忘れ去ることがなきよう、墜落事件発生後一か月以内に書かせたというその姿勢に教育者としての信念を感じた私は、神田元校長に連絡を取った。

　二〇一四年六月のことである。その時八十四歳という年齢で、耳も遠く物忘れもひどいということで、手紙での簡単なインタビューという形になった。

まずこの『小さな目は見た』というタイトルについてお聞きしたところ、神田元校長がお考えになって決めたということであった。当時、黒澤村長から特別に何の指示も依頼もなかった。文集の作成についても中学校と相談して決めたということもなく、たまたま重なったということで、小学校独自の判断で文集を作った、ということであった。

その文集については、『山陰中央新報』が一九八五年十一月十日に記事を書いている。タイトルは『小さな目、事故に怒り』である。子どもたちの素直な感想と生存者へのいたわりと安堵、事故への怒りに満ちた内容であると紹介している。

神田校長のあの日についてお聞きすると次のようなことであった。

「八月十二日は当地区ではお盆の前日で、すでに盆迎えの準備をしていました。準備を終えた日暮れの頃、集落の上を自衛隊のジェット機二機が二回ほど旋回したことを家の中から、音で知りました」

かなり具体的であるが、見たというよりも、どちらかというと音で知った、という内容であった。事故原因については「今まで特に疑いはなく気になることもなかった」とのことであった。自衛隊機二機が何時の時点であったのかは明確ではないが、日暮れの頃というと、公式発表で飛んだ時間とは異なり、非番の自衛隊員と藤枝市で目撃された非公表のファントム二機ではないかと思われる。

8月12日のみ何かを見たか	1年 18名	2年 22名	3年 27名	4年 29名	5年 26名	6年 26名	合計 148名
墜落前	4	2	1	3	3	3	16 (11%)
墜落前と後	2	1	1	5	5	1	15 (10%)
墜落後	3	4	10	6	6	15	44 (30%)
当日見た人数合計	9	7	12	14	14	19	75 (51%)
自分は見ていない	8	15	13	13	9	5	63
家族や近所の人が見た	1	0	2	2	3	2	10

著者が上野小学校生の文集『小さな目は見た』からまとめた当日の目撃者の人数

それでは実際に子どもたちは何を見たのか。

まずは小学校全校生徒百四十八名全員の見たものについて分析をしてみた。それが次頁の表である。

小学校低学年の子どもの文章は先生方が聞き取りをしながら先生の手書きで入っている。四年生から六年生にかけては本人の直筆で具体的に詳細に当日や数日間の出来事を書いている。

その中から、十二日の墜落当日部分を抜き出して、墜落の前、墜落前後、墜落後に見たもの、聞いたものの統計を取った。

なお、当日は旅行等で上野村にいなかった、家族から聞いて自分は直接見聞きしなかったという人の記述も統計に加えた。

また、小学生のお父さん、おじいさんはそのほとんどが地元消防団員として墜落後に現場へ出向いており、文集にはそこで見聞きした話が記されていた。お母さんはボランティアで自衛隊員や、機動隊員、遺族の方たちに対して一日中熱いおにぎりを握って、手が真っ赤に膨れ上がっていた、という記述も多かった。

当日なんらかのものを見た子どもたちは全体の五十一％である。その内容を詳細に見ていくと、実際の報道とは別の視点でものごとが見えてくる。

まず、墜落前に見た子どもは何を見たのだろうか。

一人の子どもがいくつも見ているのもあることから、複数回答の形式で一覧表にして大きく分けて表示してみる（次頁参照）。また、子どもだけではなく、同時に大人も見ている場合が多かった。

墜落前は、稲光やゴーという音、ドドドーンという音である。

墜落前後は圧倒的にヘリコプターが複数、飛行機も複数飛んでいたことが目撃されている。それも全部『明かりをつけながら飛んでいる』『ライトをつけて飛んでいる』『いっぱい飛んでいる』という記述が多い。自衛隊や機動隊の車も多数山に登ってきている。

注意すべき点は、墜落前の大きい飛行機と小さな二機のジェット機という記述であ

（　）＝人数

	墜落前（複数記述あり以下同様）	墜落前と後	墜落後	家族や近所の人が見聞きしたもの
1年	雷のような光と音(2) 飛行機の大きい音(1) 明かるいもの（1)	ピカピカぐるぐる(2)	ヘリコプター（4) 自衛隊の車（2)	ヘリコプター（1)
2年	変なもの（1) 飛行機の音（2)	飛行機の音（1)	火が燃えていた(1) 山の煙（1) 飛行機明かり（1) 飛行機の音（1)	
3年	飛行機の轟音（1)	ドーンという音(1)	ヘリコプター（3) ぐるぐる回る飛行機（2) 機動隊のバス（1) 自衛隊の飛行機(1) 車（1) 飛行機（2)	飛行機音（1) 火の玉（1) 赤ちゃんの泣き声(1)
4年	轟音（4) ドカンという音(3)	山に霧（1) ヘリコプター（3) 自衛隊機（1)	ヘリコプター（5) 低く飛ぶ飛行機(2) 機動隊の車（1) 自衛隊の車（1)	雷音（1) けむり（1) ピカピカ光（1)
5年	雷音（1) バーンという音(2) 窓ガラス音（1) 大きい飛行機と小さいジェット飛行機２機（1)	２機の飛行機の追いかけっこ（1) 自宅の上を飛ぶ３機の飛行機（1) ヘリコプター（3)	家の前の山を飛ぶ飛行機（1) ヘリコプター（2) 自衛隊機（1) 多数の車（2)	10メートル位の飛行機（1) 音と光（2)
6年	稲光（1) ゴーという音（4) 何か飛んでいるもの(1)	赤い空（1)	ヘリコプター(10) 外の騒音（3) 機動隊員（1) 多数の車（1) 飛行機の音（2) 自衛隊機（1)	赤い光（1) ヘリコプター（1)

具体的に何を見聞きしたのか

る。この子どもは具体的に目撃した時刻を書いている。これが一体何なのか、非番の自衛隊員が見た時刻から割り出すと大きい飛行機が日航機、二機のファントム機とすると筋が通る。それを見たのは小学校五年生のH・H君である。

『八月十二日の夕方、六時四十五分ごろ南の空の方からジェット機二機ともう一機大きい飛行機が飛んで来たから、あわてて外へ出て見た。そうしたら神社のある山の上を何回もまわっているからおじさんと「どうしたんだんべ。」と言って見ていた。おじさんは「きっとあの飛行機が降りられなくなったからガソリンを減らしているんだんべ。」と言った。ぼくは「そうかなあ。」と思った。それからまた見ていたら、ジェット機二機は埼玉県の方へ行ってしまいました。』（原文ママ、以下略）

六時四十五分という時間が具体的である。

その後しばらくテレビを見ていたらニュースで墜落の報道があったということである。時間的に見ると、墜落前であることからやはり大きい飛行機は日航機、小型ジェット機二機は公には発表されていないファントム機だと考えると他の目撃情報と辻褄が合う。いずれもくるくると何回もまわって見えていた、ということだ。ただ、ドカンという墜落音は聞かれずキノコ雲なども見ていない。埼玉県の方へ行ったという記述からは、日航機墜落前に、百里基地へ戻っていったのだと推定される。

その他にも、小学五年生のS・M君は、ニュースでジャンボ機墜落報道があった時に、外で飛行機が追いかけっこしているぞ、と父親に言われて見たら、電気のついた飛行機が二機飛んでいた、と書いている。こちらはニュース速報後であるから、これは公式発表のファントム二機の可能性が考えられる。当日、少なくとも墜落前に二機、墜落後に二機、合計四機のファントム機が飛んでいたということになるのではないか。

墜落場所については父母と具体的な話をしている子どもが多い。例えば、小学校六年生のE・Kさんは七時三十分頃、『自分の家の上が何かうるさくなったため、外に出て見るとヘリコプターが何機も飛んでいた。夏期講習に行っている兄からの電話で、飛行機が長野県北相木村《きたあいき》に墜落したと聞き、びっくりした。夜中一時頃に姉がNHKに電話をして「絶対に日航123便は上野村に墜落していますよ」と伝えたところ、NHKの人が「はい、ありがとうございました」と言った』とまで記述している。これは大変重要なことである。『次の日、姉はやっぱり私の言ったとおりに上野村だったじゃないと言いました』とも書いている。

他の地元民も報道機関に電話をしているが、テレビでは別の地名を報道し続けていた。小学校三年生でも、大人と地図を見ながら、『スゲノ沢に落っこちた』と書いている。

当日、ドカーンという音が聞こえるほどの距離で、その前後に飛行機や自衛隊機を目撃し、さらに五機以上の多数のヘリコプターも目撃している。ぐるぐる回り、右か

8月12日のみ何かを見たか	1年33名	2年27名	3年27名	合計87名
墜落前に見た	6	2	7	15（17%）
墜落前と後に見た	3	4	1	8（ 9%）
墜落した後に見た	9	10	13	32（37%）
当日見た人数合計	18	16	21	55（63%）
自分は見ていない	12	11	4	27
家族や近所の人が見た	3	0	2	5

著者が上野中学校生の文集『かんな川５』からまとめた当日の目撃者の人数

ら左へいったりきたり、という表現も多数ある。墜落した場所はお父さんが二十年前に植林した場所だ、という子どももいて、その日のうちに上野村だとわかって現地に行く用意をしている。これでなぜ上野村という地名が墜落現場として挙がらなかったのだろうか。子どもたちの目はしっかりと見ていたのである。

さて、中学校の生徒八十七名はどんな目撃情報を記しているのだろうか。

その日の目撃者は六十三%とこちらも多い。墜落場所については、中学校一年生のT・N君が、『お父さんが営林署の山に落ちたのかなと言いながらテレビを見ると、三国山とかぶどう峠とか言っているので実際に行ってみた。「どうもあの辺は本谷だなあ」と言っていた』と記している。そして『車のラジオでは長野県北相木村付近だと言っていたので、あまりラジオもあてにならない』と書いている。へ

（　）＝人数

学年	1年	2年	3年
墜落前 (複数記述あり以下同様)	雷のような光と音(2) 飛行機の大きい音(2) チカチカの光 (1) UFOみたい (1)	ドーンという音(3) 飛行機の飛ぶ音(2) 稲光 (1)	飛行機の轟音 (3) 大型機の飛ぶ音(2) 雷みたいな音 (1) 大きい飛行機と2機の小型ジェット機 (1)
墜落前と後	赤く光るもの (1) 帯状の雲が上がる(1) ヘリコプター (1)	ジェット機の音(1) 周辺が明るい(1) ヘリコプター(2)	ものすごい音 (1)
墜落後	ヘリコプター (10) 自衛隊の車 (2) 山の赤い方向にばかり流れる流れ星(1)	ヘリコプター(9) 山の明るさ (1) 燃えている (1) 飛行機の音 (1)	ヘリコプター (8) UFOみたい (1) 灯台のように定期的に光る光 (2) 自衛隊の飛行機(1) 車 (2) 飛行機 (3)
家族や近所の人が見たもの	真っ赤な飛行機(1) ヘリコプター多数(1) 墜落時の赤い光(1)		低空飛行の飛行機(2)

具体的に何を見聞きしたのか

リコプターが山の陰に消えたりしているので、『もうこの時は上野村だと思った。一刻も早く見つかって、生存者を確認してもらいたいとずっと思っていた』と、墜落地不明の報道にもどかしさを感じている。さらに『学校が始まって千羽鶴を作り、航空史上最大ということがとてもショックだ』と書いている。

中学校の文集には、ヘリコプターの数も、三機、十機と、見た数を具体的に記述している。場所も本谷、時計山、御巣鷹山のほう、といった地名が出てくる。親戚や近所の人たちの会話、さらに場所について電話をしているという記述もある。

　墜落前に見たものとして小学校でも記述があったが、大きい飛行機と二機のジェット機が目撃されている。中学校三年生のY・K君である。

『その日は、やたら飛行機の音がしていた。父ちゃんがおかしく思って外に出ていって、「おい、Y、飛行機が飛んでいるぞ。来てみろ。」と言ったので行ってみた。飛行機は大きいような飛行機と小型のジェット機が2機飛んでいた。五分以上もたっているのに、さっきから、ぐるぐる回ってばかりいた。外にいると蚊にさされるので家の中にはいった。そしてテレビを見ていたら「キロリン、キロリン」と音がして、なおいっそうテレビに注目した。ニュース速報で、大阪行き日航ジャンボジェット機123便が、レーダーから消えました。と書いてあった』とある。

　これも大きい飛行機と二機の小型ジェット機である。二機はファントム機に間違いないが、大きい飛行機はアントヌッチ氏が後ほど手記を書いたように、墜落地点を探しにきたC－130輸送機ではないだろうか、という説もあるが、アントヌッチ氏は自衛隊の飛行機は見なかった、ということである。二機のファントムと日航機による追いかけっこ状態だと推定される。

　他にも、中学三年生のY・Oさんは『楢原山の辺りに2つか3つ、灯台のように定期的に光っている光があった。』と書いている。

つまりすでに場所は特定され、光もあり、その上空を何機ものヘリコプターが西から東へひっきりなしに飛んでいる様子が手に取るようにわかる。さらに家の前を機動隊や自衛隊、パトカーが何十台も通っている。

さて、ここで不思議なものとして、「真っ赤な飛行機」が出てくる。中学校一年生のY・K君の記述によると、

『午後七時少し前、蚕にくわをくれていたら雷のような音がしました。ぼくの家の下の人は、真っ赤な飛行機を見たと言いました。ぼくはその時、どうして飛行機がこんな方に飛んで来たのかと思いました。それも真っ赤な飛行機。ぼくはその時、いやなことがおこらなければよいと思いました』（原文ママ）と、家族や近所の人が見たという真っ赤な飛行機について書いている。そして『（略）とうとういやなことはおこってしまいました。（略）たった一機の飛行機から、五百二十人もの命をうばうなんて、五百二十人のなかには、五十人近くの子供が乗っていたみたいだったです。その子供たちにも、夢というものがあったと思います。それから、関係のない人までの命をうばいました。石に文句を言ったってどうしようもありません。もうこれ以上飛行機事故はおこってほしくないです。』（原文ママ）と結んでいる。

この飛行機に乗り、命を奪われた子どもたちのことを思う文である。

真っ赤な飛行機——。これは何であろうか。

もし、この真っ赤な飛行機によって墜落が引き起こされたというのであれば、私たちは今、冷静にこの事実を解明していかなければならない。これについては第四章で論じたい。

墜落現場となった村でしっかりと目撃されていた事実が書いてあるこの文集を残した意義は大変大きい。しかもどこか遠い国の出来事ではない。ましてや戦争でもなく、平時のこの日本において、群馬県の山中にある農村の子どもたちが見たものである。目撃情報の重要な点を整理してみると次のようになる。

1 墜落前に大きい飛行機と小さいジェット機二機が追いかけっこ状態にあった。
2 真っ赤な飛行機が飛んでいた。
3 墜落前後、稲光のような閃光と大きな音を見聞きした。
4 墜落場所は上野村と特定できて報告したにもかかわらず、テレビやラジオでは場所不明または他の地名を放送し続けていた。
5 墜落後、多数のヘリコプター、自衛隊の飛行機、自衛隊や機動隊の車などを目撃した。
6 ヘリコプターは墜落場所をサーチライトのような強い明かりで照らしながら、多数行き来していた。

7　煙と炎の上がった山頂付近をぐるぐると回りながら何かをしている何機ものヘリコプターがブンブンと飛んでいた。

これで墜落場所が不明だった、当時はしかたがなかったとメディアも政府も言い張ることができるのだろうか。逆になんらかの作為があったと思われてもしかたがない。子どもたちの父親には山を管理する営林署で仕事をしていた人も多い。数十年前の山火事で焼失した部分に新しい木々を植林した父親もおり、その植林した木によって、落合さんら四名は生還することができたということに、感慨深い思いを抱いている子どももいた。

文集に一番多く名前が出てきたのは、生存者の川上慶子さんで『助かって本当に良かった、お父さんもお母さんも妹も死んじゃって悲しいだろうが、頑張って生きてほしい』と、自分と同じくらいの年齢の子どもたちにとって、最も身近に感じたようであった。

そして次のような言葉が一番重い。

「(前略) 人の命、命というものはいくら高いお金を出しても買えません。お願いします。一生のお願いです。もうこんな惨酷な事故はおこさないで下さい。お父さん、お母さん、お兄さん、お姉さん、友達、親友をなくした人はどうするんですか。この事故でたすかった人達、これからどうするんですか。『一生けん命生きて下さい。なくなった人のためにも。これが私のたのみです』」(原文ママ、小学六年生、M・Nさん)

あの晩、目撃した子どもたちの小さな目は、未来に向けられている。

私たちは、誠実で嘘偽りのない子どもたちの文章を読みながら深く、深く考えなければならない。三十二年後の今は、彼らが思い描いた未来と言えるのだろうかと自問自答しなければならない。特に長い間、為すべきことを為してこなかった関係者は心の底から詫びなければならない。

あの日あの時の記憶。それは地元の子どもたちのみならず、この事故に関わった人々の記憶に残り、受け継がれていくのである。

2　横田基地への取材ノートから

手元に一冊の古びたノートがある。

表紙に社名が入った縦二十一センチメートル、横十五センチメートルの取材ノートである。大手出版社で仕事をして、すでに引退した女性記者、H・H氏から「どうぞこれを活用してほしい」というメッセージとともに頂いたものだ。

ノートの見出しには『日航機』と書いてあり、サブタイトルは『ドキュメント日航機の事故——平時の有時に出動した自衛隊の15日戦争』とある。メモ欄には『時間と場所、名前をきっちりおさえること、事実関係を細かく』として、自衛隊の動きの整理、防衛庁の広報、個人ルート、地元、遺族、警察、軍事評論家など、時系列に細かく記されている。

さらに米軍へのインタビューとして日本語と対比した英語の質問、それに対して相手が答えた会話が英語と日本語で書かれている。最後のページには茶色の新聞記事一枚と米軍に提出して戻ってきた英語の質問表とその答えが用紙ごと糊付けされている。

現在、同じ出版社で記者をしている人にそのノートを見せたところ、「手書きでびっしり書いてあるとは。きっちり仕事をしているなあ、すごいなあ」と感心していた。

一九八五年八月二十日から二十三日にかけて六本木にある米軍広報を訪れ、米海兵隊所属のエバンス氏へ取材した記録は次のとおりである。

8月12日

6：45ｐｍ　米軍は横田基地への緊急着陸準備完了。横田基地にて災害即応部隊結成。

7：10ｐｍ　航空自衛隊に横田基地から同基地所属の米軍Ｃ１３０輸送機が埼玉県

秩父市の西北30キロ山中で航空機らしきものが炎上中と連絡。

9：00pm　座間基地より飛び立った救難用UH1ヘリが現場らしき上空にて日航機がクラッシュして炎が燃えているのを見た。

次に女性記者による質問に対して米軍側が預かって後日返答した質問用紙と答えを訳してみる。なお実際の質問用紙と答えは一三三頁に記載しておく。

［質問用紙内容］

お手数をおかけしますが、お考えいただき、下記の質問にお答えくだされば存じます。

質問1　ヘリコプターは日航123便の墜落現場に向け、座間基地を何時に離陸しましたか？

答え　午後八時十分。

質問2　ヘリコプターは何機でしたか？

答え　一機飛んで、四機が待機。

質問３　それは当方、すなわち日本側の要請によるものでしたか？
答え　いいえ、われわれ独自の判断で。
質問４　ヘリコプターの搭乗はどういう人だったのでしょうか？
答え　パイロットと派遣医師一名。
質問５　それらのヘリコプターは災害対応か、そのような機関に所属するものですか？
答え　空軍はヘリ一機を待機させておいて、陸軍は四機をそうしています。災害派遣隊はトラックでもって待機します。
質問６　ヘリコプターの種類は？
答え　ＵＨ１。
質問７　日航１２３便の正確な墜落場所は日本の自衛隊よりも早く、あなた方によって発見されたのですか？
答え　山中の丘の上に火と煙は見えましたが、それ以外は暗くてわからなかったです。ですから、それがはっきり墜落現場かどうかは定かではありませんでした。
質問８　見つけた時間は正確にいつですか？
答え　午後七時十分。

質問９　状況はいかようなものでしたか？
　答え　暗くて何も見えませんでした。
質問10　正確な場所・地点を特定することは可能でしたか？　可能との答えなら、それは何時にどこに報告されましたか？（どういう類のところでしょう）
　答え　いいえ。
質問11　米軍はこういった場合、夜間に山岳地帯に着陸する機能を保持していますか？　もしそうならば、それはどういった部隊でしょうか。
　答え　いいえ。
質問12　海軍のヘリコプターは出発準備をしていましたか？
　答え　いいえ。
質問13　陸軍はどうでしょうか？
　答え　質問２の答えを見てください。
質問14　日本側から米軍に対してなんらかの援助要請はありましたか？
　答え　いいえ、横田への日航１２３便の緊急着陸以外は。

ご協力有難うございました。

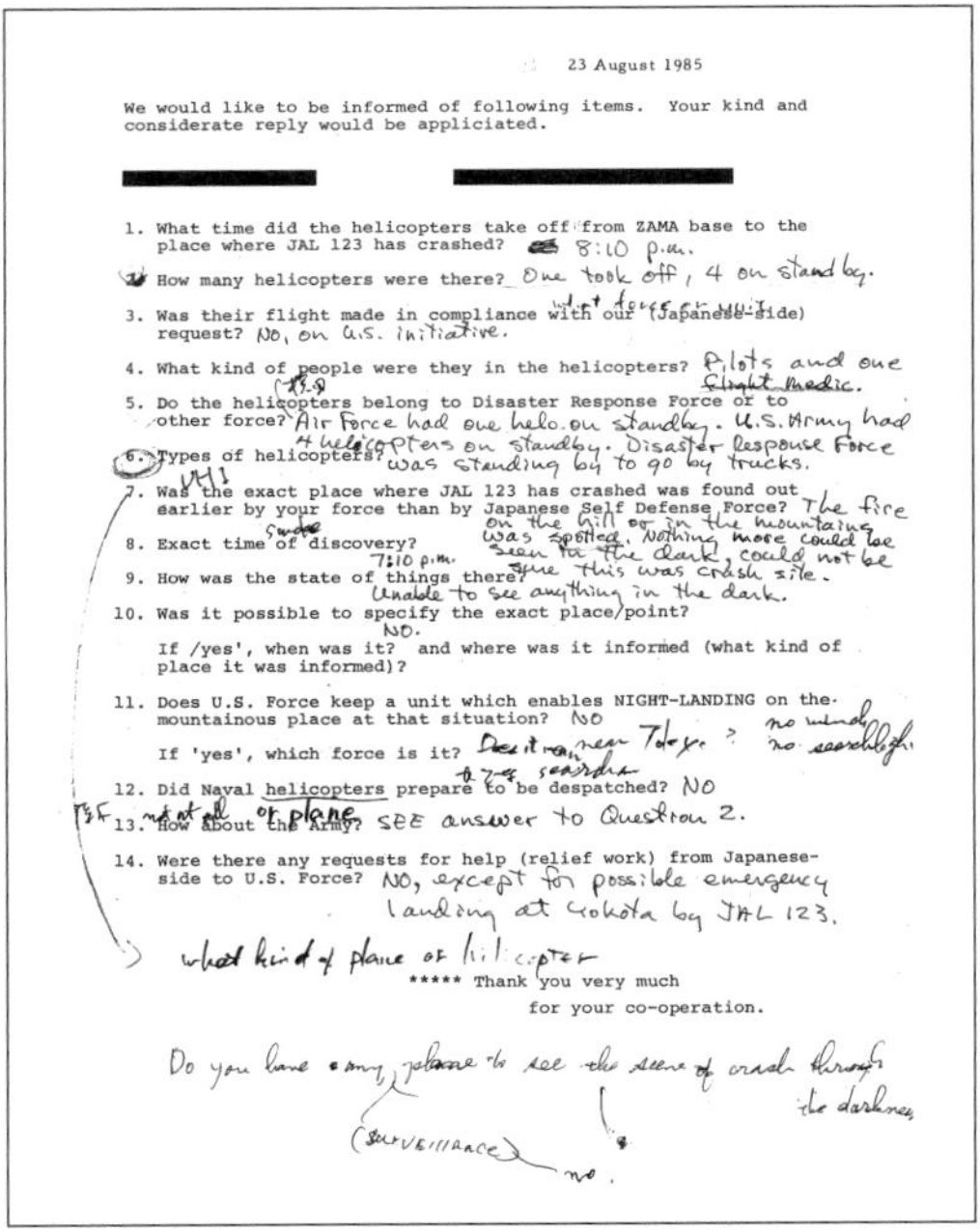

23 August 1985

We would like to be informed of following items. Your kind and considerate reply would be appliciated.

[redacted] [redacted]

1. What time did the helicopters take off from ZAMA base to the place where JAL 123 has crashed? 8:10 p.m.
2. How many helicopters were there? One took off, 4 on standby.
3. Was their flight made in compliance with our (Japanese-side) request? NO, on U.S. initiative.
4. What kind of people were they in the helicopters? Pilots and one flight medic.
5. Do the helicopters belong to Disaster Response Force or to other force? Air Force had one helo on standby. U.S. Army had 4 helicopters on standby. Disaster Response Force was standing by to go by trucks.
6. Types of helicopters? UH1
7. Was the exact place where JAL 123 has crashed was found out earlier by your force than by Japanese Self Defense Force? The fire on the hill or in the mountains was spotted. Nothing more could be seen in the dark, could not be sure this was crash site.
8. Exact time of discovery? 7:10 p.m.
9. How was the state of things there? Unable to see anything in the dark.
10. Was it possible to specify the exact place/point? NO.

    If /yes', when was it? and where was it informed (what kind of place it was informed)?
11. Does U.S. Force keep a unit which enables NIGHT-LANDING on the mountainous place at that situation? NO

    If 'yes', which force is it? near Tokyo ? no windy, no searchlight
12. Did Naval helicopters prepare to be despatched? NO
13. How about the Army? SEE answer to Question 2.
14. Were there any requests for help (relief work) from Japanese-side to U.S. Force? NO, except for possible emergency landing at Yokota by JAL 123.

what kind of plane or helicopter

***** Thank you very much for your co-operation.

Do you have any plane to see the scene of crash through the darkness (SURVEILLANCE) no.

米軍への質問表と答え

米軍側は、十九時十分の段階で墜落場所を目視して報告しており、内容はアントヌッチ証言と一致する。さらに救助ヘリも一機飛ばし、次もスタンバイ状態にあったことがわかる。

ボイスレコーダーでは意図的に判読不明とされた部分かもしれないが、公表された飛行ルートで確認すると、日航123便は横田基地へ着陸しようとして横田の滑走路が見えるほど、まっすぐ向かっていたような動きがある。横田基地周辺でも低空飛行の日航機が目撃されている。

高浜機長は横田基地に降りる予定であったとするならば、いつどのタイミングで横田空域侵入管制区へ飛行する許可をとったのだろうか。それとも横田基地のほうから先に緊急着陸OKと言ったのだろうか。

質問14の答え、『No, except for possible emergency landing at Yokota by JAL 123』のbyをどう解釈するかがポイントである。

事故調査報告書（昭和六十二年六月十九日公表）の二十三ページに『2・10通信に関する情報』という項目があり、事故機がコンタクトを取ったのは『東京飛行場管制所、東京ターミナル管制所、東京コントロール、東京アプローチ及び日航東京空港支店航務部』とある。そこには実際に米軍側が質問に答えているように、高浜機長と横田基地の管制とのコンタクトについて書かれていない。

ボイスレコーダーに「これはだめかもわからんね」という機長の言葉が出てくるが、もし横田基地に着陸を要請して許可が得られていたとするならば、なぜ横田を目の前にして、急に進路を左にとり、群馬県の山中へ方向を変えているのだろうか。横田基地への着陸を断念しなければならない何かがあったのだろうか。

墜落した後の救助の遅れは周知のことだが、その取材メモ帳に貼ってあった古びた新聞記事を見てみると、そこには『自衛隊　時間かかった到着』『空挺団投入遅れる』（『朝日新聞』一九八五年八月二十三日）というタイトルがあった。

『事故発生以来十日間、延べ出動人員２万８千人、車両４千１４０両、航空機２６０機（二十一日現在）、日航ジャンボ機墜落事故は三十年の自衛隊史上、最大級の〝作戦〟となった』と書いてある。ファントム戦闘機（Ｆ－４ＥＪ）の発動は、国籍不明機ならば即時当直の管制官で対応できるが、日航機とわかっている以上、災害出動は司令部の命令がいる。だから司令部の当直幕僚から連絡を受けた中部航空方面隊司令官の松永貞昭空将は墜落から約四分後の午後七時一分に、迅速に発進を命令した、とその素早さをほめたたえている人たちがいると書いている。しかし三十二年後の今、一般人も小学生も非番の自衛隊員も目撃している日航機の墜落前に飛んでいたファントム二機の存在を知ったうえで、こういう記事を読むと対応している自衛隊幹部の言葉も滑稽に思えてくるのは誰もが同じであろう。

ただし、日本で唯一の落下傘部隊である第一空挺団（習志野駐屯地）の投入決定が翌日になったことに対しては、疑問の余地がある、救助対応への批判が殺到した、とある。

当初、陸上自衛隊は第十二師団部隊を翌朝空輸するつもりで、第一ヘリコプター団のV107大型ヘリ六機を夜間に相馬原に前進させていた。しかし、翌朝に現地を撮影したビデオを見て、この険しい山脈では普通の隊員では無理だと判断、それから第一空挺団に出動を要請したため、日の出もすっかり過ぎた午前九時以降になってしまったと弁解している。外国の地ならいざ知らず、群馬県の山々を翌朝になってからビデオで確認をして無理だと結論づけるとは、あまりにお粗末である。

これをどのように読み取るかは別として、実際に取材の過程において、第一空挺団は十二日、十八時四十分に災害派遣待機命令が出ていた、という証言もある。私の公式ブログを見て、前著の出版社に来られた元自衛官も同様の話をしていた。大型ヘリのバートルのエンジンがかかった状態で待機、隊員はすぐ乗り込み離陸する予定だったが、その数十分後に翌朝まで待機と命令が変更になって、無理やりエンジンを切らされたという。

このエリート集団の中には、亡くなった人たちに対して申し訳ないという気持ちとともに、不可解な命令に疑問を持ち、事故原因にこだわり続けていた人もいるということである。おそらく当人にとっては、自分たちは十分な夜間訓練を受けていた、それなのに救助に向かわせてもらえなかった、という無念さがあるのだろう。プロとして、存分に力を発揮したかったと残念に思っていることだろう。

プロ意識は墜落機の乗務員たちも同じだったに違いない。

一つの仮説として、誰がエンジンを切らせて、翌朝まで待機という命令を出したのだろうか。

もしそれが時間稼ぎだとすると、一晩中、あの山の中の墜落現場では救助ではない行動がとられていた、ということになる。十数機のヘリも目撃されている。

山頂では何が起きていたのだろうか……。

遺体が語りかけてくれる事実がある。

それは、あの夜明けに現地に漂っていたガソリンとタールの臭いにつながるのである。

3　ガソリンとタールの臭いが物語る炭化遺体と遺品

●検死に関わった医師たちの証言

乗員四名と乗客一名の司法解剖を担当した群馬大学医学部の古川研教授は、遺体の状況を衝撃的に記述している。

『(機体) 前部の遺体には損壊や焼損が目立ち、衝撃のすさまじさと主翼の燃料タンクの火災の影響を受け、焼損遺体の中には部位も判然としないものがあり、通常の家屋火災現場の焼死体をもう一度焼損したようにみえた(略)』(群馬県医師会活動記録『日航機事故に対する法医学の対応』昭和六十一年十月一日発行)

通常の家屋火災現場の焼死体をもう一度焼損したという遺体……。

「それほどまでにジェット燃料はすさまじいのか」

取材の際、医師、歯科医師、消防団の人たちから逆にそういう質問を受けたことを思い出す。一度焼けた遺体がもう一度焼損することは、まったく別の何かによって再び燃えたという意味に取れる。いずれにしてもジェット燃料だからという理由では説明がつかないのではないか。

エンジンもそれぞれがバラバラの位置に落ちており、翼にある燃料タンクから漏れ出たとしても、それよりも遠いところまで燃焼した痕跡がある。

この墜落現場の状況の地図(次頁参照)に関しては、上野村消防団や営林署、群馬県警も同様に確認していることからほぼ正確であると言える。

次頁の地図の破線で囲ってある部分が焼損区域である。確かに広範囲に燃えたことがわかる。

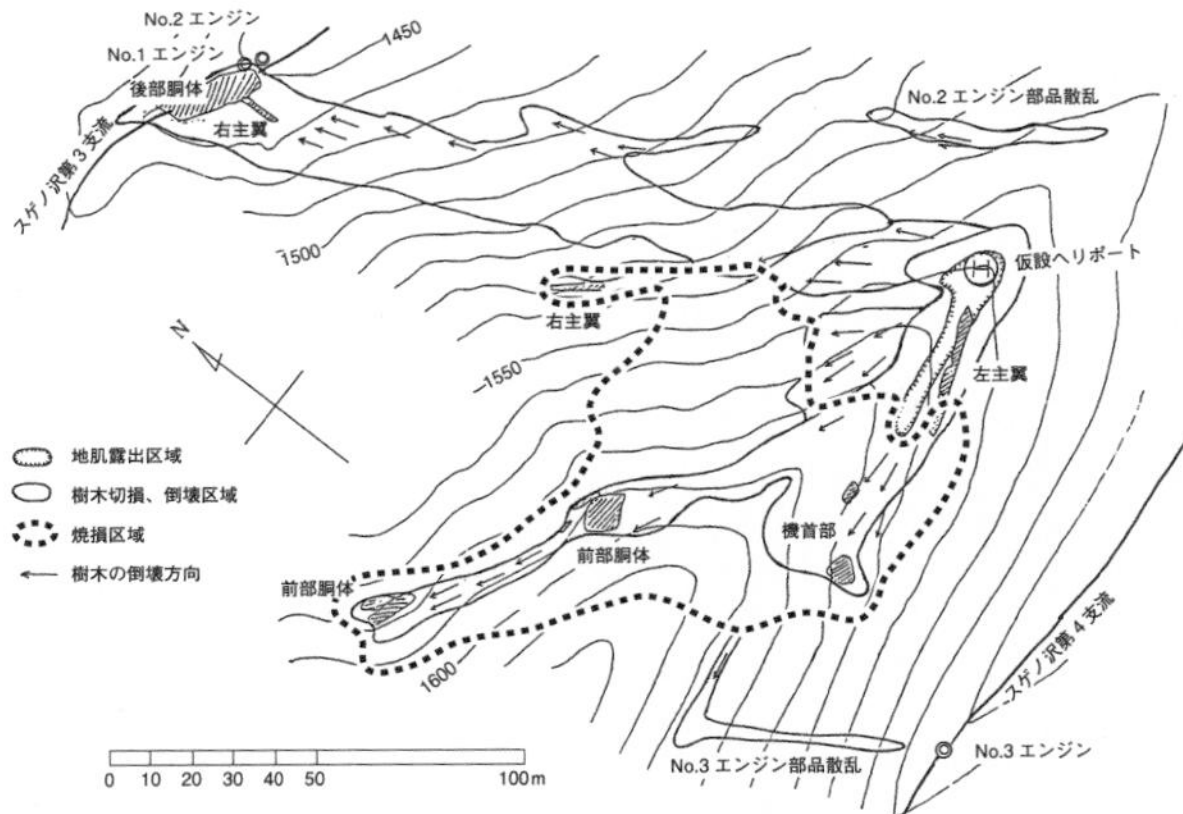

飛行機の残骸の位置と火災発生箇所（事故調査報告書資料）
山林焼失面積 3.3 ヘクタール

生存者が発見されたスゲノ沢第三支流周辺に、№1エンジン（第一エンジン）、№2エンジン（第二エンジン）、後部胴体が沢を滑落して落ちている。左右の主翼内部が燃料タンクであるにもかかわらず、実際にはここだけまったく火災が生じていない。完全遺体が百体ほどあった場所である。この一帯は四十度近い急勾配で、沢も山頂からはまったく見えないところである。

ところが、山頂の激突した周辺及び、左主翼もエンジンも何もないところがひどく焼けている。地図では前部胴体と書かれているところから機首部周辺である。左と右の主翼が落ちた部分ならまだわかるが、エンジンもないこの場所が著しく燃えていた。

実際に医学的資料として撮った検死写真にも、ポロポロと崩れるほど炭化した遺体が写っている。これは消防団にも確認をしたことだが、雷や夕立の多い湿った夏山であることから、通常の火災はそれほどまで広範囲に広がらないという。ましてや重要なのは、ジェット燃料のケロシンは灯油とほぼ同じ成分ということだ。名古屋など他の航空機火災で真っ黒になった遺体もあったという報告書もあるが、これは煤《すす》の成分が付着した状態で黒くなったものである。

一九八六年年にまとめられた群馬県医師会活動記録には『筋肉や骨の完全炭化が著明であった』という記述がある。

完全炭化という言葉を使って医師たちが指摘しているように、歯や骨の中心まで炭化した状態であったのはこの事故が初めてといえる。

これは歯型から検死を行った群馬県警察医で現在八十四歳の歯科医師である大國勉氏にも確認をした。

その完全炭化というのは、「黒いコロコロとした塊があるだけで、人としての原型をとどめておらず、歯を含む骨まで完全に炭化した状態」ということであった。身元確認のためにそっと手で触ると、ポロポロと崩れてしまうので、どうしようかと思案しながら検死を行ったのだが、本当に大変な作業だったと語ってくださった。

どうやったら緑多く、木々が茂る山中に放り出された生身の肉体が、炭化するほど焼けるのかが最大の疑問である。飛行機の燃料は灯油の一種だという話をしたところ、かつて灯油を何度もかぶって自殺をした遺体を検死したことがあるが、ここまで焼けていなかったという。医師たちはこの炭化状態になった遺体がジェット燃料によるもの、と思い込んでいたようだ。しかしながら、科学的にその成分から考えると、炭となった結果との整合性がつかないとのことであった。

最終的に二千六十五体となった分離遺体と離断遺体の検死、さらに炭化状態となるとＤＮＡ型鑑定もまだ一般的でなかった時代、身元確認がいかに困難を極めたかがわかってくる。

それでは当時、ＤＮＡ型鑑定は可能だったのだろうか。

今日のＤＮＡ型鑑定における法医学の第一人者、押田茂實日本大学名誉教授も日航機遺体の検案に関わったということで、ぜひ当時の様子を伺いたいと思い、神楽坂の事務所にて何度かお会いする機会を得た。拙著をお読みくださり「『天空の星たちへ』は、びっくりするような内容で一気に読んでしまいました」とのお手紙も頂戴していた。

『死人に口あり』これが押田氏のモットーである。二〇〇四年にこのタイトルで実業之日本社から本も出されている。専門家たるもの死体だけが知っているその時の状況を、科学的に研ぎ澄まされた感覚で丁寧に理解する心を持つ、ということなのだろう。

ある人間に突然の死がもたらされた時、遺族もさることながら、本人は最期に何を伝えたかったのだろうか、どういう気持ちで亡くなったのだろうかと、我々専門家が科学的良心を持って読み取って代弁してあげることが大切だと語る。さらに科学というものは後からきちんと検証できるものでなければならず、DNA型鑑定も含めて自らを厳しく律する必要があるとのことだった。まず、①鑑定試料採取と保管に関する問題点の有無、②鑑定方法が適切か否か、③鑑定結果への考察が十分なされているか、④再鑑定することが保証されているか、という四つの点が特に重要であり、これは押田氏の『法医学現場の真相』（二〇一〇年・祥伝社新書）にも書かれている。

押田氏は袴田事件（一九六六年）、足利幼女殺人事件（一九九〇年）、飯塚事件（一九九二年）、東電ＯＬ殺人事件（一九九七年）等の重大な犯罪事件の裁判に関わり、ＤＮＡ型を再鑑定した『押田鑑定書』の存在意義は極めて大きい。そのＤＮＡ型鑑定も日々進歩しており、鑑定人に求められるのは、慎重さと誠実さ、そして科学者としての良心であると、謙虚に語っておられた。

なお、一九八五年（昭和六十年）がＤＮＡ型鑑定の夜明けということで、ちょうどその時日航機が墜落したということになる。遺伝子の本体がＤＮＡであることは一九四四年から明らかになっていたが、この鑑定が犯罪捜査に初めて使われたのは英国で

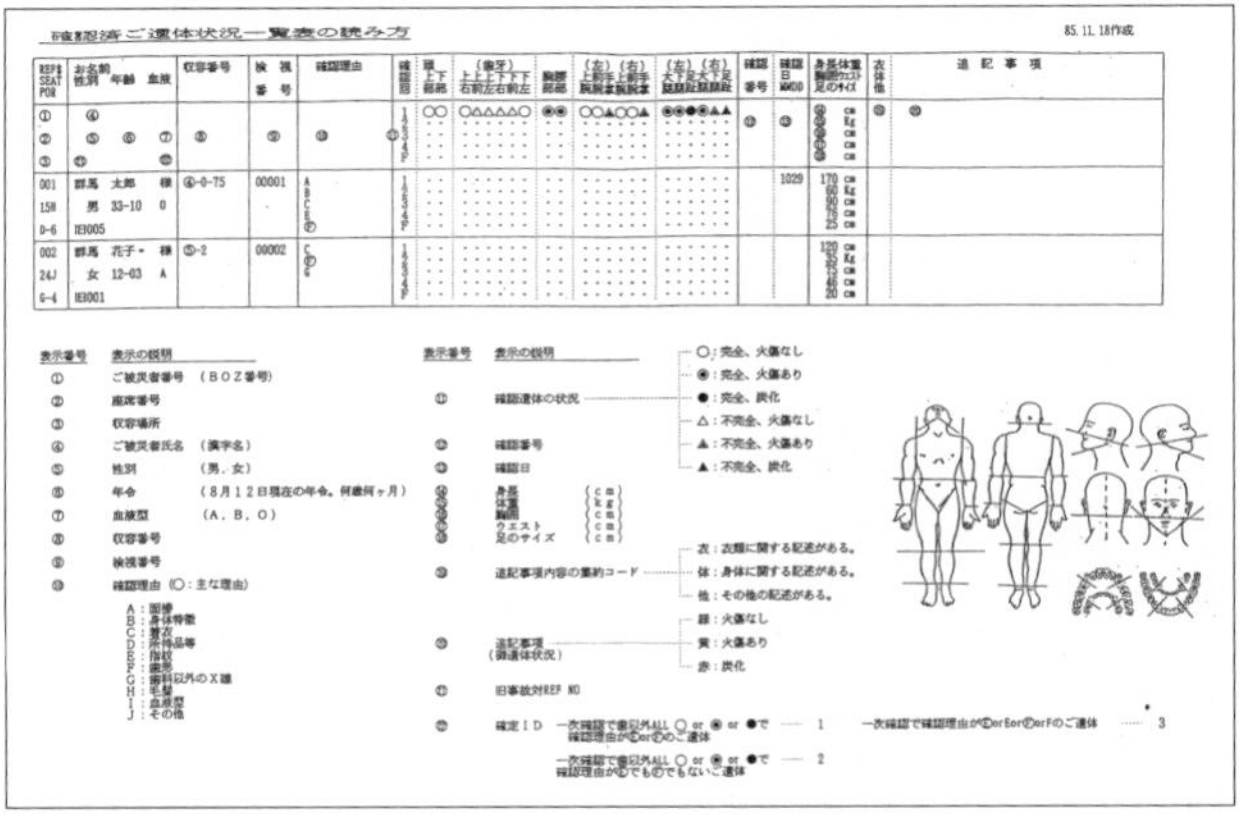

当時実際に使用された「ご遺体状況一覧表の読み方」

一九八三年〜一九八六年に起きた連続婦女強姦殺人事件であった。日本では、一九八九年（平成元年）から実用化が始まり、一九九一年に日本ＤＮＡ多型研究会が発足、一九九七年に学会でガイドラインを発表、その後急速に進歩を重ね、今ではなんと『一卵性双生児でなければ、地球上に同じＤＮＡ型のヒトは見られない』というレベルに達して実用化されているという。近年、殺人の公訴時効は撤廃されたが、それに合わせて何十年経っても微量な試料からでも確実に検査ができるように努力を重ねているそうである。

押田氏は、日航機事故発生時は仙台に帰省されており、テレビで状況を知ったそうだが、当時の日本法医学会理事長からの電話で、急きょ十四日の午後に藤岡市民体育館の現地対策本部へ向かった。バラバラの遺体状況を見て全日空自衛隊機衝突事故（雫石事故）の遺体取り違えを思い出し、それを教訓として、ご遺族に間違いなく遺体を引き渡すよう注意を促した。さらに一家全員、最大二家族八名もの死亡で、遺産相続に関する問題も発生することから死亡時刻の記入に厳重なチェックを呼び掛けた。

群馬県医師会副会長太田武史医師の活動記録でも、八月十四日より死体検案が始まり、出動医師は八十二名、看護婦六十一名、他にも警察官、警察医、歯科医師、日赤関係者も含め計五百名以上が藤岡市民体育館に集合したとある。翌日の十五日は医師百四十四名、十六日には百八十一名と、多くの医師たちが同時に死体検案を行ったことがわかる。くれぐれも間違いのないように、死体検案書の書き方も統一しながら、何度も協議を重ねて行ったという。

これほどまでに詳細なデータを作ったことは他の航空機事故でも類がないそうである。とにかく、遺体の取り間違えを防ぐことと、確実に遺族のもとにお渡ししようと必死に行った。その結果、五百二十名中五百十八名の身元が判明したが、それは凄惨な遺体の状態からは驚異的な数字であった。なお後に身元が判明した一人の遺体は遺族が受け取りを拒否、もう一名は外国人である可能性が高い、とのことであった。

また、押田氏は教育者としても正確な記録を残すために8ミリビデオを持参し、現場を撮影している。それは常に科学的な視座で客観的に物事を見られるように、再検証する際には現場を間違いなく再現するのに活用できるからである。それぞれの人による主観的な記憶のみでは誤った判断をしかねない。つまり、実際の現場をきちんと記録することは未来の科学者や医師の教育にも大変重要なことである。

しかし、残念ながら、警察はこれを否定的に見がちである。さらに、このビデオ撮影を批判的に表現している小説もある。

そのビデオはその後どうなったのですか、という私の問いに対して、「まだ戻ってきていないのですよ。刑事責任も民事の損害賠償の責任、すべて終わっていますし時効を迎えていますからね。自分が撮った重要な資料ですから、当然私のものです。本来、警察は返さなければならないと思います。それなのに、どこにあるのかさっぱりわからない」ということであった。

私は「法医学を志す未来の学生たちのためにも、日本の法医学会のためにも大変貴重な資料であり、即刻見つけ出して返すべきですよね」と話をした。

なお、これはすでに公訴時効が成立しており、事件性はないため、遺族や医師が提出したものに対して押収品という認識は正しくない。つまり警察側の依頼に対し、事故原因解明のために任意で提出したもの、という位置付けになる。そこで群馬県の弁護士数名にこの話をして任意提出したものを返還してもらえるように手続きを始める

日航機墜落事故特捜本部関係書類の保管状況

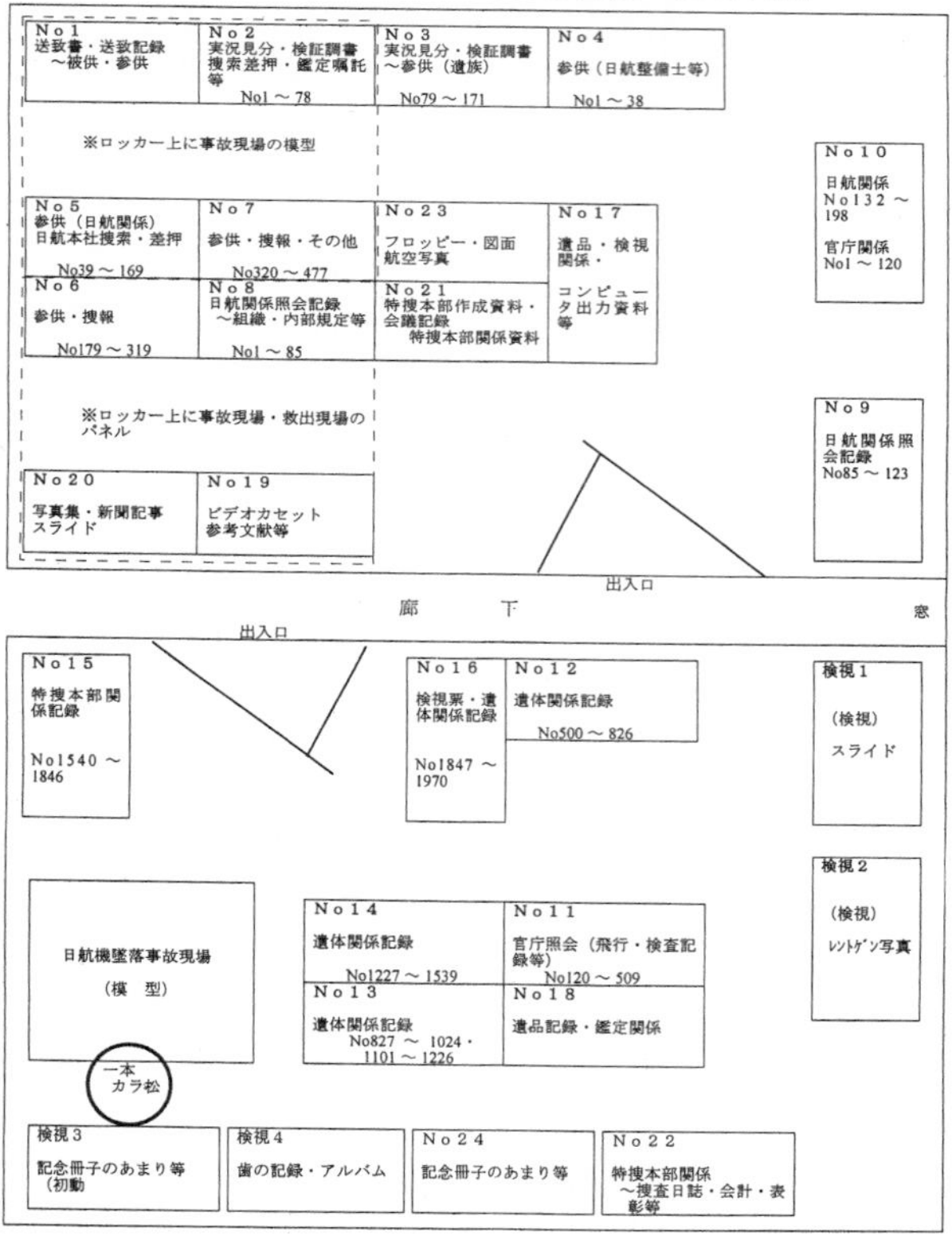
No1
送致書・送致記録
～被供・参供
No2
実況見分・検証調書
捜索差押・鑑定嘱託等
No1～78
No3
実況見分・検証調書
～参供（遺族）
No79～171
No4
参供（日航整備士等）
No1～38
※ロッカー上に事故現場の模型
No10
日航関係
No132～198
官庁関係
No1～120
No5
参供（日航関係）
日航本社捜索・差押
No39～169
No7
参供・捜報・その他
No320～477
No23
フロッピー・図面
航空写真
No17
遺品・検視関係・
コンピュータ出力資料等
No6
参供・捜報
No179～319
No8
日航関係照会記録
～組織・内部規定等
No1～85
No21
特捜本部作成資料・会議記録
特捜本部関係資料
※ロッカー上に事故現場・救出現場のパネル
No9
日航関係照会記録
No85～123
No20
写真集・新聞記事
スライド
No19
ビデオカセット
参考文献等
出入口
廊　　下
窓
出入口
No15
特捜本部関係記録
No1540～1846
No16
検視票・遺体関係記録
No1847～1970
No12
遺体関係記録
No500～826
検視1
（検視）
スライド
検視2
（検視）
レントゲン写真
日航機墜落事故現場
（模　型）
No14
遺体関係記録
No1227～1539
No11
官庁照会（飛行・検査記録等）
No120～509
No13
遺体関係記録
No827～1024・1101～1226
No18
遺品記録・鑑定関係
一本カラ松
検視3
記念冊子のあまり等
（初動）
検視4
歯の記録・アルバム
No24
記念冊子のあまり等
No22
特捜本部関係
～捜査日誌・会計・表彰等

当時の警察関係者から提供された資料

ことになった。

私は警察関係者の知人を通じて、当時遺族のために本当に親身になって対応した群馬県警察の関係者に連絡を取り、心ある何人かがきちんと資料を保管していることを知った。さらに場所や担当部署、保存状況もしっかりと把握することができた。

右頁は保管状況の見取り図である。

遺族側の視点に立ち誠心誠意、事件捜査を行った警察関係者もいたとのことで、その方々が残した書類の中に押田氏のビデオがまぎれているかもしれない。

そのビデオが語るものは大きいはずである。もしこれが返却されれば、本物のジャーナリズム精神に基づいた報道番組やドキュメンタリー番組が作れるのではないだろうか。関心の高いこの事件を題材として、バイアスのかからない矜持のある番組が作られれば、永遠にあの日を忘れないというメッセージを後世に贈ることができる。

●山口悠介検事正による異例の説明会

当時この事件を担当した山口悠介前橋地検検事正が中野寛司三席検事とともに、一九九〇年七月十七日に、８・１２連絡会事務局長ら二十一名の遺族と二名の弁護士に対して、異例の説明会を開いている。そこで山口氏は手持ちの資料を開示している。

これは一九九〇年八月十二日に時効が成立する直前のことであり、七月十二日に前橋地検が、前橋検察審査会が『不起訴不当』とした米ボーイング社と日航関係者について最終的に不起訴を裁定したことを受けての説明会であった。

　五時間にも及ぶ説明会の中で山口氏は次のように語ったという。

「捜査の結果、わかったことは修理ミスかどうか相当疑わしいということだ。事故原因にはいろいろな説がある。（略）圧力隔壁破壊がいっぺんに起きたかどうかも疑わしい」と率直な意見を述べている。さらに事故調査報告書もあいまいだと断言し、ボーイング社も修理ミスとしたほうが簡単だから受け入れたと思えると示唆している。目の前の膨大な資料を指さして、「これを見ても真の事故原因はわからない、本当に原因は不明なのです」とし、捜査書類の入ったキャビネット二十本以上を開示した。

　さらに、非協力的な日航の態度についても苦言を述べ、その内容は一九九〇年八月三日付『毎日新聞』をはじめ、新聞各紙に載っている。

　新聞記事では『無責任な検事、遺族の怒り、いまさら原因不明だとは』という内容で掲載している。

　その資料や説明会の会話については、８・１２連絡会が冊子にまとめ、出席できなかった他の遺族に五百冊ほど印刷して配った。その冊子の中で特筆すべきことは、山口検事正が調査過程で様々な資料を精査した結果、多くの矛盾があることに気が付いたということだ。例えば、ボーイング社で修理を担当した人の写真が別人であったり、ボーイング社の技術担当者による作業指示書に関する写真も（圧力隔壁の）接続部分ではなく隔壁、外板を取り付ける写真であったということだ。また、修理者の氏名が不詳という点や、ボーイング社が「修理ミスだと思っていない」ということも指摘していた。こういった点から『不起訴にせざるを得ない』としている。この説明会の内容からも、あまりに不透明な事件だということがわかる。

二〇〇五年八月四日付『読売新聞』の『御巣鷹二〇年、風化させない』というシリーズの、『当時の特捜本部が語る』という記事で、『日航機事故関連の捜査資料はスチールロッカー二十四個分が群馬県警の財産だと力を込め、膨大な資料と教訓を次世代の若手捜査員と読み返して経験を引き継ぐ』と述べている。その中に遺族から借り受けたまま長年返還していないものや、押田氏の8ミリビデオ、医師など関係者から提出してもらったものが入っているのではないだろうか。その返還は警察の義務であり、さらに県民のみならず国民全体の財産として広く情報公開されるべきだろう。

こうして一歩ずつ事実を解明することこそが大切だ。『小さな目は見た』というタイトルを考えた上野村立小学校校長の神田箕守氏の言葉を借りると、

「将来、子どもたちの長い人生に役立つ事であり、これが犠牲者の皆様の供養に通ずるもの」であると考える。

もし、この資料を忘却の彼方に押しやることを良しとする人がいるのならば、許さ

れるべきではない。天空の星たちが必ず見ているのである。

●上野村に眠る遺骨と尾根に残る残骸から見えてくるもの

上野村には、墜落から一年後の昭和六十一年八月三日に完工した慰霊塔と納骨堂がある。

合掌した手の形をイメージした慰霊塔の先端方向は約八キロメートル先の事故現場、御巣鷹の尾根を指すという。納骨堂の石造りの扉は、永遠の眠りを妨げないようにと『開かずの扉』に設計されている。これについて遺族の中にも将来、ＤＮＡ型鑑定の進歩で身元が判明する場合もあると反対する意見があったそうだ。以前その点について確認をしたところ、黒澤丈夫村長は、「私もそう思っている。ただ設計者の主張があってどうにもならなかった」とおっしゃっていた。

その納骨堂には身元不明ご遺骨や骨粉の入った１２３の骨壺を納めるはずだったが、本納骨後に発見されたご遺体もあったという。黒澤村長も、戦争中の命令でもあるまいし、開かずの扉といっても絶対開けられないわけではない、という雰囲気であった。

群馬県医師会の救急担当であった佐藤秀理事も『焼けて炭化した部分遺体の個人的識別は法医学の進歩を待つ』と活動記録にも書かれている。遺品をそのまま保管している遺族や山からいろいろなものを毎年の慰霊登山のたびに拾ってきている関係者も

日航機の翼 今も御巣鷹に

1メートル超の破片など数十点

日航ジャンボ機が1985年8月に墜落した「御巣鷹の尾根」（群馬県上野村）の林で、1メートルを超える翼の破片など数十点が散乱しているのが見つかった。読売新聞記者が撮影した写真を確認した日航広報部は、「事故機のものでほぼ間違いない。小さな破片が残っているとは聞くが、これほど大きな物は見たことがない」

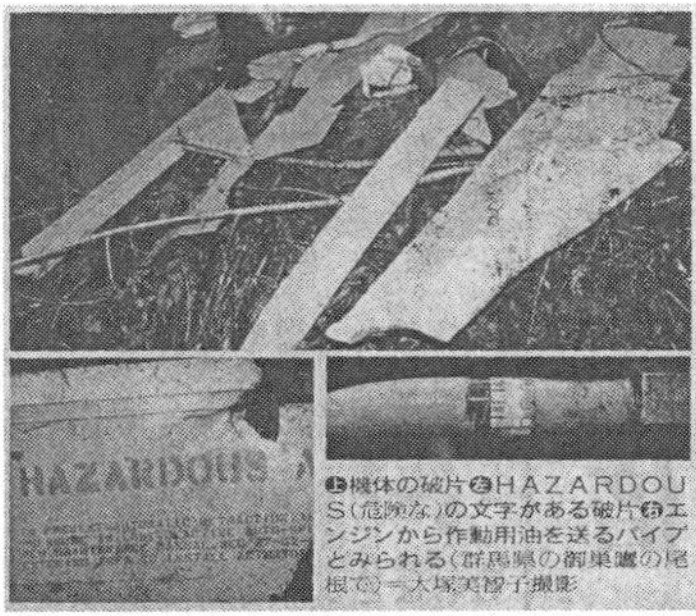

(上)機体の破片(左)HAZARDOUS（危険な）の文字がある破片(右)エンジンから作動用油を送るパイプとみられる（群馬県の御巣鷹の尾根で）＝大塚美智子撮影

『読売新聞』2010年７月10日付より
一番大きい長さ 80 〜 90 センチの灰色の破片には赤く『HAZARDOUS（危険な）』と表記されており、翼の一部とみられる。さらに油圧の文字の入った金属製パイプもあった。日航によると破片は翼の表面部分、パイプはエンジンから動翼などに作動用油を送る油圧パイプとみられる。

いる。

二〇一〇年七月十日付『読売新聞』によると『日航機の翼　今も御巣鷹に』という見出しで、一メートル超の翼の破片や、長さ80〜90センチの『HAZARDOUS（危険な）』と赤文字で書かれた翼の一部、『HYDRAULIC PRESSURE（油圧）』と記されている金属製パイプなど、大きなものが数十点発見されたという。機体に異常が発生し、「油圧が全部だめになった」というあのパイプの残骸だとすると、何とも言えない気持ちになった。

同記事の中では、これだけ大きいものが発見されたことについて『地中に埋まっていたのが、雨風で地表に出てきたの

トイレドア付近に貼ってあったプレート。当時は喫煙席があったため、火災防止のためにトイレでの禁煙を促した。

当時の機内用壁紙。世界を旅行する楽しい風景が描かれていた。

ではないだろうか』と日航の広報は答えている。捜査を担当した群馬県警ＯＢは『破片は九割以上回収した。一メートルを超すような物はないはずだ』と述べている。しかしながらこれほどまでに大きなものがいまだに御巣鷹の尾根にあったのは事実である。

実は、ご遺族や読者の方が毎年慰霊登山をされた際に、御巣鷹の尾根で何らかのものを発見したという手紙とともに、その一部を送ってくださることがある。そのいくつかのものは上の写真のとおりである。

当時の壁紙（右上）を見たとたん、あの頃の自分を思い出した。頭に浮かぶメロディは、当時のボーディングミュージ

飛行機の外板に使用されているアルミニウム合金等が溶けて焦げたものと推定される。詳細な成分調査を行えば、この焦げた部分に何が含まれているのかわかるそうである。

12カ所ある客室乗務員用のアナウンス用機材。これで対馬さんは最後のアナウンスをした。

ック、リチャード・クレイダーマンの『渚のアデリーヌ』である。

あの曲が流れるとチーフパーサーの「ボーディングです」の声がして、一斉に制帽を目深に被り、お互いに顔を見合わせてニコッと微笑む。それぞれが担当コンパートメントの区域にスタンバイして真っ白な手袋をはめ、背筋を伸ばしてにこやかにお客様を迎える。

あの頃の情景が懐かしくよみがえる品々とともに、黒く焼け焦げ、溶けた飛行機の一部が悲しそうに私を見つめていた。

日々進歩しているＤＮＡ型鑑定やあらゆる成分鑑定によって、今後さらにいろいろなことが明らかになるだろう。

第四章　三十三回忌に見えてきた新たな事実
～目撃証言からの検証～

雪解け間近の乗員たちの墓標
（対馬さんの名前の漢字がなぜか社員名簿と異なる）

1 事故原因を意図的に漏洩したのは米国政府という記事

この三十二年間、墜落に関する新聞記事等の膨大な資料を、現在から墜落時まで時系列にさかのぼって読み込んでいくと、そこに見えてきたものは、これは未解決事件であるということだ。後から次々と重要なことが判明しても再調査はしない、無視をする、という方針を持ち続ける運輸安全委員会の姿勢もさることながら、日本人の特質なのか、何かを隠し通すことが美徳であるという勘違いによって、嘘を突き通すことに慣れてしまっているずるさが関係者の中に蔓延しているのではないだろうか。

例えば、米国のトランスワールド航空８００便墜落事故（一九九六年七月十七日ニューヨーク沖に墜落）の事故調査の解明にあたった元ＮＴＳＢ職員や調査員六名が二〇一三年六月九日に記者会見を行い「事故調査報告書にまとめた事故原因は嘘であった」という衝撃的な発言をしたのを思い出す。これは米国では周知のことであり、そのドキュメンタリー映画『Flight 800』が米国で公開されたが日本では公開されていない。六名の元調査委員によると当初から多数の目撃情報があったように「ミサイルによる誤射の可能性が高い」ということだった。それは米軍のミサイル練習中の事故で目撃情報からも信憑性がある。その当時、事故調査ははじめから戒厳令下のような状況で、嘘の報告書は政府によって真の事故原因をもみ消すためのものだったとはっきりと証言したのである。この勇気ある記者会見は本当に称えるに値するものだ。ただ具体的な証拠物である爆発反応やミサイルによる撃墜を直接的に示したようなものは、すべてＦＢＩによってワシントンへ送られて一切返却されなかった、ということで、提示することはできなかったとのことだった。

このように、真実の話ができる環境が、自分の住む国にあるということだけで、遺族や犠牲者の心は救われるのである。

この日本において、私たちはどうすればよいのだろうか。

そこで実際に目撃したものや現場の人々が見たもの、証拠となりうる写真、さらに検死報告書の結果などを分析しながら、あの日に何が起きたのか、一つの仮説をもとに検証してみたい。それに対して、またいろいろな見解やさらなる情報が得られれば、本当の意味での三十三回忌の供養になるような気がする。

二〇一五年七月二十六日付『東京新聞』の『米政府、意図的に漏えい』の記事内容は、私にとっては既視感があった。記事では、一九八五年八月下旬にＮＴＳＢ航空事故調査部の元幹部ロン・シュリード氏らが群馬県の墜落現場で修理ミスの痕跡を見つけて日本側に伝えたが、九月に入っても日本側が公表しないため、業を煮やした委員長のジム・バーネット氏の要請でロン・シュリード氏らが『ニューヨーク・タイムズ』

紙に情報提供をした、とのことである。ボーイング社全体の利益を損なわぬよう、事故機特有の問題だということを早く明らかにして、当時の主流だった同型機（B－747）の安全性をアピールすることが狙いだったという。

それに関する当時の新聞を読むと、一九八五年九月八日付『毎日新聞』では、すでに先月二十七日の第一次中間報告発表以前に米国側から圧力隔壁修理ミスの可能性を通告されていたのだが、まずはフライトレコーダーとボイスレコーダーの解読が中心となり、まだ隔壁部分は十分に調べていなかったため発表は控えた、とある。第一次報告書にも隔壁のことは一言も書かれていない。しかしながら日本側には事前に一言の連絡もなく、いきなり米国紙で一方的に声明を出されたのは大変遺憾である、と日本側の事故調査委員会は不快感を示していた。

これを見ても、事故原因を米国側が意図的に先に出したことがわかってくる。墜落当初は、運輸省も何らかの力が外からかかった可能性も含めて考えており、山下運輸大臣もこれから一つずつ分析をするので長くかかると発言していた。しかしながら世論は一気に米国が出した後部圧力隔壁説に傾いていく。

それではなぜこの誘導的な方法で、最終的にはあのような事故調査報告となってしまったのだろうか。そのためにはまず資料をさかのぼって、検死した医師が疑問に思う遺体状況から冷静に推定していきたい。

●ガソリンとタールの異臭について

事故当日の朝、極めて早い時間に現場に足を踏み入れた消防団の人々による証言をもとに、現場に漂っていた臭いから推定されるものについて、元自衛隊関係者、軍事評論家、大学の研究者などに質問をぶつけてみた。なおその臭いの現場が日航123便の墜落現場ということは伏せて質問をした。

質問１　ガソリンとタールの臭いが充満し長時間燃える物質は何か。その結果、人間の体が炭のようになる状態（完全炭化）のものは何か。

このシンプルな質問に対して、共通する答えは次のとおりである。

答え　ガソリンとタールを混ぜて作ったゲル状燃料である。

質問２　なぜそれが人間の体を炭にするのか。

答え　化学薬品によってゲル状になったガソリンであるため。これが服や皮膚に噴射されて付着するとそのすべてが燃え尽き、結果的に炭状になる。

質問３　これはどこで手に入るのか。
　答え　一般にはない。軍用の武器である。その武器は、燃料タンクを背負い、射程距離は約三十三メートルで歩兵が用いるものである。第二次世界大戦中は米軍で使用された。Ｍ１、Ｍ２の二種類がある。昔の武器というイメージがあるが戦後は米軍から自衛隊に供与されていた。現在も陸上自衛隊の普通科に携帯放射器として配備されている。これはＭ２型火炎放射器の改良型である。噴射回数十回まで可能。噴射用圧縮空気タンクを連結している。今でも駐屯地祭でデモストレーションしている。

質問４　それはどこにあるのか。
　答え　陸上自衛隊普通科歩兵、化学防護武器隊で、相馬原普通科部隊にもある可能性が高い。

一九八五年当時に実際に確かめたわけではないので、確実とはいえない。しかし、いずれにしてもその臭いがガソリンとタールということから、この武器を使用したとすると筋が通ってくる。

ちなみにこの話を元自衛官にしたところ「核心に近づくと妨害や脅迫が増えてくるから気を付けた方がよい」という丁寧なアドバイスまで頂いたが、逆に核心はこちらだ、ということを暗示されたようなものだった。

こういった武器を平時に使うとはどういうことなのだろうか。

完全なる証拠隠滅を狙った指令が出て、それに従ってしまったのだろうか。

万が一、このような状況を作り出した人たちがいたとすると、恐ろしいなどということを超えて背筋が凍るような話である。もしこの武器によって遺体が完全炭化してしまったとすると、それを命じた人、それに従った人たちは今どうしているのだろう。その事実を闇に葬ってしまうことで、罪から逃れたと勘違いしているのではないだろうか。その危険性をしっかりと認識せず、検証することもないままだとすると、次の事故、事件につながる可能性は非常に大きい。

今こそ事故の原因を明らかにしなければならない理由はそこにある。

それではなぜ炭化状態にする必要があったのだろうか。そのいきさつと理由を考えてみる。

●墜落現場不明という誤報とファントム二機の追尾

総理大臣であった中曽根氏が『恐らく防衛庁と米軍でやりとりがあったのだろう』

と、後に著書で語っているのであれば、何らかの事態が突発的に生じ、自衛隊側、米軍側が独自の判断で、証拠となる何かを運び出す過程でなされた隠蔽工作としか考えられない。

その隠蔽工作にはある程度の時間がどうしても必要だった。だからこそ、上野村の村長が中央政府や県に墜落場所を連絡しても報道に反映されず、村民がＮＨＫに電話をかけて場所を教えても「有難うございます」と答えながら墜落場所は長野県と報道していた。つまり報道関係者のトップも何らかの指示を受けていた、または知らないままに自衛隊側からくる情報を鵜呑みにしていたことになる。日本航空側もまさか政府や自衛隊がそのような情報操作に出ているとは思いもよらなかったのだろう。

もし、圧力隔壁説や垂直尾翼付近に不都合が発生したフラッター説（注1）などが事故原因だったとするならば、一晩中、墜落場所不明を放送し続ける必要はない。なぜならば、上野村の人々はあらゆる機関に墜落場所を報告していたからだ。また、関係者からの情報によると当日は習志野駐屯地の第一空挺団も待機命令で準備をしており、日頃夜間訓練も行っていたことから、実際に行ける状態であった。米軍の海兵隊は、人命救助を第一に考えてすぐさま行動を起こし、墜落現場の真上までヘリコプターでたどり着いていたにもかかわらず、「日本側が救助に行ったから」という命令が出ていることで帰還した。それを他言無用とはどういうことだろう。

しかしながら、日本側の救助の飛行機が来たという発表はない。もし自衛隊機が来たのであれば、墜落場所は特定されて、すぐ救助を開始していなければおかしい。しかし、上野村の子どもたちにも多数目撃された自衛隊のヘリや飛行機は、山頂で何かを上げたり下げたり、サーチライトを照らしながら何らかの作業をしていたという。

つまり、人命よりも優先させた何かがあったのならば、発表された以外の事故原因がなければ、辻褄があわない。

あの日、夕暮れ前の明るい時間に低空飛行する日航１２３便を追尾していた二機の自衛隊ファントム機（Ｆ－４ＥＪ）はしっかりと目撃されており、その情報によると、十八時四十分には上野村上空にいた。そして十八時四十五分には、大きい飛行機と小さなジェット機二機が旋回しながら飛んでいたという証言もある。

なお、この大きい飛行機をアントヌッチ氏の乗っていたＣ１３０輸送機、ファントム機は十九時一分に発進した公式発表のものではないか、という意見もあるが、残念ながらそれは十八時三十五分の静岡上空での目撃情報と、十八時四十分の非番の自衛隊員による目撃情報で打ち消された。さらにアントヌッチ氏が搭乗していた輸送機は、１２３便がレーダーから消えた後に墜落現場を探しに行き、十九時十分に燃えている場所を発見していることからも違うといえる。

さらに二機のファントム機が十八時四十分にすでに上野村上空を飛んでいたとする

と、十八時三十五分の静岡県藤枝市の目撃情報から推定して、ファントム機は富士山の横、大月上空を通過中の日航123便を目視し、一気に上野村まで飛んでいったことになる。そして十八時四十五分に大きい飛行機と小さな二機のジェット機が同時に飛ぶところを目撃、となると、公表された飛行ルートとは異なり、時系列にズレが生じる。事故調査委員会が公表した飛行経路図と時刻では、十八時四十五分の時点で日航123便は上野村にたどり着いていない。これをどう解釈するかは非常に難しい。高度も目撃情報とかなり異なることから、飛行ルートやボイスレコーダーの会話と時刻のつながりも切り貼りされている可能性は否めない。

当然のことながら、非公式のファントム機との交信記録も一切書かれていないが、上野村で目撃した子どもは埼玉の方向へ去っていった、と文集に記していることから航空自衛隊百里基地偵察航空隊（茨城県）に帰還したものと思われる。

それでは未発表のファントム二機は、どのあたりで日航123便に追いつき、どういう動きをしていたのかを推測してみたい。

18：35（一八二頁地図A地点）——静岡県焼津市から藤枝市上空方面にて日航123便を追いかけていったのを目撃。

18：40（一八二頁地図B地点）——群馬県吾妻郡東村（群馬県北西部に位置し現在は吾

妻町と合併）にて非番の第十二偵察隊（相馬原）一等陸曹の自衛隊員が目撃。

—上野村にて小学生と大人たちが大きい飛行機と小さなジェット機が一緒に飛んでいる様子を目撃。その後、しばらくして二機のジェット機は埼玉方面へ。

18：45から5分間程

（一八二頁地図C地点）

静岡県藤枝市までの航路と時間は一致する。

その後の日航１２３便は横田基地に着陸しようと向かう途中でなぜか大月上空をくるりと回っているが、時間的にはちょうどその頃、ファントム機が追い付いたと思われる。しかし、ファントム機はそこから上野村へ直接向かって、ずっと上野村上空を旋回していたことになる。

例えば、そのファントム機の搭乗員と機長はなんらかの会話を交わし、その結果、日航１２３便は山に向かって進路を変更せざるを得なかった、と考えると説明がつく。明確に言えることは、墜落する前のまだ明るいうちに、自衛隊ファントム二機は日航１２３便と並んで飛んでいた、ということだ。

高浜機長は垂直尾翼の状況を知って、横田基地に着陸することは非常に困難だと判断したのかもしれない。横田基地は軍の施設であるから巨大な輸送機も着陸可能なよ

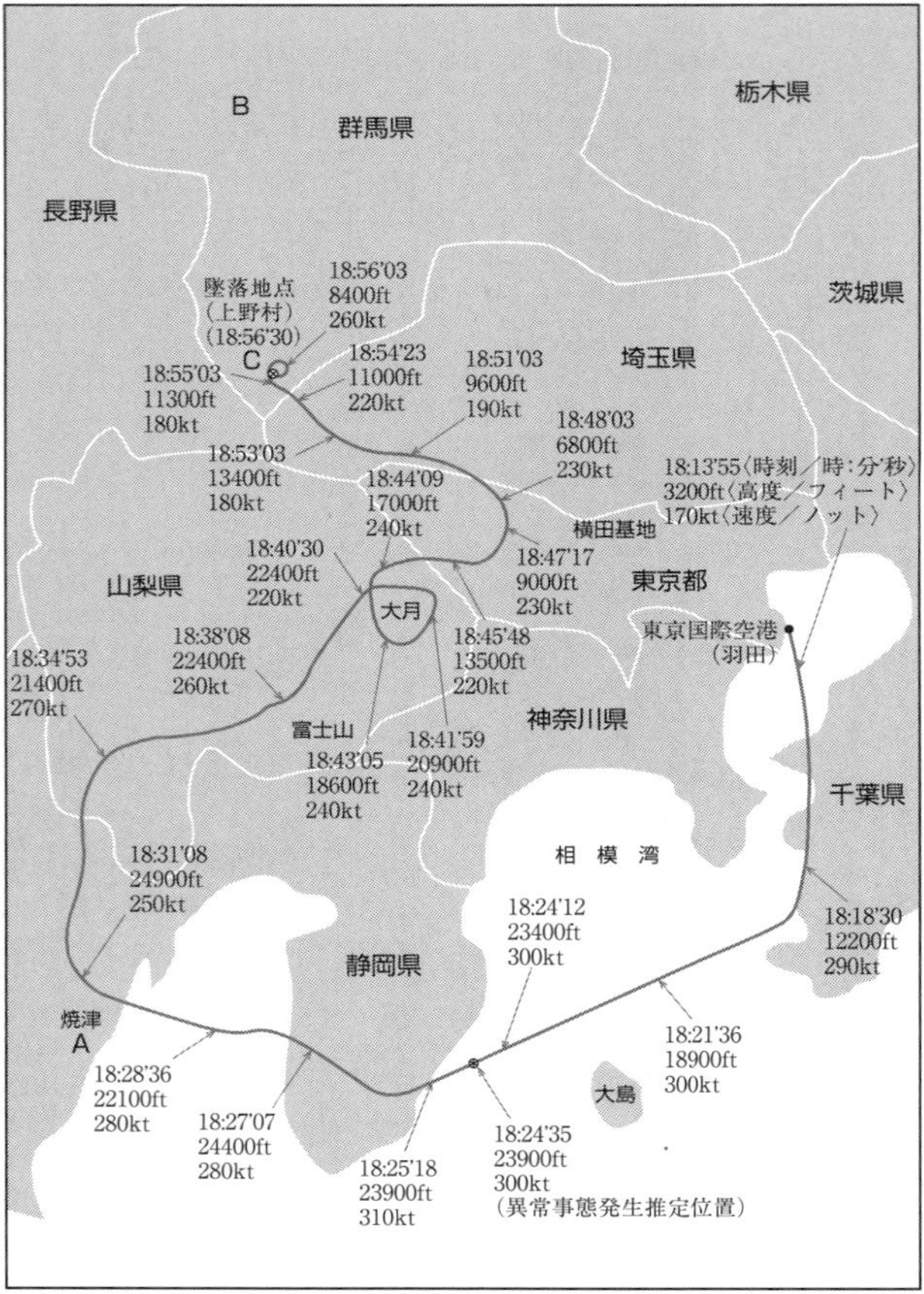

公式発表の飛行経路図と高度。A・B・Cはファントム機の目撃情報が寄せられた地点

うに滑走路が長く、万が一の場合もケロシン用の消防車や航空関係の医療設備もあり、医師もいてあらゆる対応が可能である。しかしその選択を妨げる理由があったと考えるほうが、筋が通るのではないか。

当時の離着陸は、ジャンボジェット機も完全な自動操縦ではなく手動で行っており、私もコックピットケアを担当した時は、着陸後に操縦室へ冷たいおしぼりを持っていくと、経験を積んだキャプテンでも手汗がびっしょりで、本当に着陸は緊張するのだなあ、とつくづく思っていた。着陸時に、垂直尾翼がほとんど破壊されていて舵がきかない状態は、想像できない程の不安と緊張であったと思われる。

●人命救助よりも大切だったのは赤い物体か？

墜落現場がわかっていたにもかかわらず、人命救助をせずに、一晩中隠蔽工作をしなければならなかったとすれば、その突発的事態とはなんだろうか。これは目撃情報を繋ぎ合わせて考えるしかない。

さらにもう一つ考えなくてはいけないのが、赤色の物体の存在である。

これについては、乗客が撮影した写真に写っている黒い点の画像解析を大学の画像研究機関の専門家に依頼して得られた情報は次のとおりである。

「黒っぽい円形の塊の領域内は中心から右側へ帯状、もしくは扇状にオレンジがかかっているのがわかる。円錐もしくは円筒のようなものを正面右斜めから見たようなイメージで、この物体はオレンジ帯の方向から飛行機の進行方向に向かっているように見えますが、データ量が少なく定かではない。黒い何かに太陽が当たってオレンジに見えるのかもしれない」

さらに電話で確認をしたところ、後ろ側の空に熱の波動が見えるので日航123便側に向かってきているような構図、ということであった。

この画像解析からわかった事実と突発的事態は関係するのではないだろうか。

本書では、日航123便墜落前に目撃されているファントム二機のみならず、赤い物体の目撃情報や遺族提供の写真に映った黒点の画像解析からわかった事実にもとづいて推測をしてきた。この点を重視しながら、さらに考察を進めてみたい。

新聞報道や上野村の子どもたち、大人も含めた地元の人々が語る中では「赤い閃光」、「ピカピカ光るもの」、「赤い流れ星」、「雷のような光」、「真っ赤な飛行機」という表現が出てくる。私が直接インタビューした小林さんが見たものは、「ジャンボ機の腹部左側に付着して見える赤色のだ円、または円筒形のもの」という表現であった。

赤色のだ円、または円筒形のものが付着……？

高速で飛んでいる飛行機に付着したままということは、考えにくい。

そうなると、低空で右旋回中の飛行機の左側腹部にピタッとついてきた物体、とするといくつか可能性のあるものが考えられる。誘導弾、いわゆるミサイルではないだろうか。

なお、このような武器については、一般の方でもわかりやすいように基本的なことだけを書いておく。以下ミサイル開発の歴史について簡単に述べる。

ミサイルの第一世代（一九五六年～一九七三年）は、ミサイルをワイヤーでつなぎ、そのワイヤーをひきながら飛行する型式であった。第二世代（一九七〇年～一九八五年）から、そのワイヤーによる有線誘導式にプラスして、照準装置による赤外探知機を使って、ズレを修正する半自動誘導式となった。これで命中率が向上したという。第三世代に入った一九八五年当時は、有線誘導式からレーザー・セミアクティブ誘導方式への移行期であり、その後命中率をさらに上げるために様々な誘導方式が考案された時期である。

ミサイルの誘導方式には主に①プログラム誘導（慣性誘導、地形照合誘導、ＧＰＳ誘導）、②指令誘導（目視線誘導、ビームライダー誘導、データリンク誘導、光ファイバ誘導）、③ホーミング誘導（パッシブ誘導、セミアクティブ誘導、アクティブ誘導）というものがある。その要素技術としては、加速度計、ジャイロ、電波高度計、衛星通信、レーザー感知、画像処理、電波、ミリ波等の様々な技術が必要になる。特にプログラム誘導ではミサイルにプログラムを記憶させて操舵信号を変えるだけで従来のものより安価なものであり、指令誘導になると誘導のための発射管制装置、目標を見つけるためのレーダー、指令発信装置が必要となる。ホーミング誘導では、ミサイルに内蔵された目と頭脳で判断しながら、自律的に標的まで飛んでいく撃ちっ放しミサイルである。レーザー・セミアクティブ誘導方式とは、この③のホーミング誘導に相当し、一九八五年時から研究されていたのはこの撃ちっ放しミサイルである。艦船などから目標に向けて放射電波を発することで、その目標物（例えば敵の飛行機）からの反射電波を受けてミサイル最前部に内蔵されている目玉の部分にシーカと呼ばれる電波や光を受信する装置が、その反射源をたどっていくことで目標物に到達する、という仕組みである。

ミサイルの基本の動き方は、常に目標物へ向けて飛翔する、ということでいつかは追いつくが、将来の位置を予測するわけではなく、その物体を見ながら直線的に追いかけ、目標物が針路を変えるとそれに応じて追尾するという動きをする。艦艇から発射され航空機を目標とするミサイルを艦対空ミサイル（ＳＡＭ）と呼び、他に空対空、空対地、地対空、艦対地などのミサイル（巡航ミサイルも含む）がある。慣性航法装置によりプログラムされた飛翔経路の誤差修正は必須であり、ラジコン的指令方法では十分な精度が上がらず、誘導は複数の誘導方式を組み合わせて遠距離目標機の変則的な侵入経路や動きに対処できるような研究がなされていた時である。当時はまだ黒電話で携帯電話もない時代であり、コンピュータシステムも不具合が多かった。

実は旧日本陸軍がひそかに開発していた『ケ号爆弾』が赤外線ホーミングといわれるもののルーツとされている。戦時中はグライダー爆弾、吸着爆弾と呼ばれていたとのことである。吸着爆弾、なるほどこれが最も合致する言葉かもしれない。弾頭に装着した赤外線感知器が艦船のエンジン付近にある熱源からの赤外線をキャッチし、それに向かって十字の翼を付けた機体をコントロールして目標へ命中させる、というものので、昭和二十年から約七〇〇〇発製造中だったという。このアイディアは日本独自のものだったらしい。

さて、一九八五年当時、米国はプログラムの精度が上がらないことで、日本側の協力がひそかに必要だと考えており、複数の日系企業と共同開発を進めていた可能性がある。実際にその企業の研究者だった人に聞いた話では、一九九〇年代から二〇〇〇年代にかけて、日系企業の技術者立ち合いのもと、米国のニューメキシコ州にあるホワイトサンズ・ミサイル実験用飛行場で、米軍と日本の自衛隊が実際に古いジャンボジェット機を飛ばして、炸薬なしのミサイルを発射させる実験を行った。結果、生粋の米国製品は飛行機に命中しなかったが、日本側のプログラムを加えたものでは、なんと垂直尾翼にヒットした。自衛隊幹部は思わず、手をたたいて喜んだが、その後、ジャンボ機の修理代金を請求され、その金額を見てひきつっていた、という話の落ちまでついていた。これはさもありなん、という話である。

○相模湾上空で機外を写した写真に映り込んでいるオレンジ色の物体。
○静岡県藤枝市上空で低空飛行中の日航123便の胴体腹部に付着しているように見えた赤いだ円や円筒形のもの。
○赤い飛行機を目撃した地元の人たち。

これらの目撃情報の点をつなぐと、日航123便の動き方からも真実が見えてくる。高浜機長はスコーク7700の信号を出したその少し前からその存在を知っていたのではないか。低空飛行して右に旋回してもついてくる。静岡を過ぎ大月上空でくるりと回ってみたものの、さらについてくる。ファントム機のパイロットにも目視での確認を願ったところ、何らかのもの、ミサイルと思われるものが機体につきまとっていると報告を受けたのではないだろうか。

そして、「これはだめかもわからんね」と横田基地に着陸できないことを悟ったのではないだろうか。そう考えるとすべての辻褄が合う。

実はかつて私のもとに『赤いものがピュー、ピューと複数飛んでた』という目撃情報が寄せられたことがある。この情報も考慮すると、赤い物体の存在が複数あった可能性もある。したがって、その一つが日航123便の垂直尾翼に何らかの形で接触して一部を破壊し、もう一つがつきまとっていたとも考えられる。

いずれにしても、訓練用で炸薬非搭載のミサイルだとすると、赤色の物体で長さ4～5メートルくらいのだ円や円筒形。また、ミサイルには小さな翼がついているので赤い飛行機に見えるという目撃情報とほぼ合致する。

もちろん、この物体が何かについては諸説ある。相模湾では自衛隊の護衛艦まつゆきが試運転中であり、短SAMシースパロー（艦対空ミサイル）の垂直発射装置の試験中だったことからその可能性、または米軍や自衛隊の横須賀基地周辺が異常に騒がしかったとの情報から、何か突発的な事態が発生したのではないかという意見もある。ただし、この話には証拠となる情報が少ないため、本書では、あくまで目撃情報をもとにして赤い飛行機のような物体のみを考える。

ファントム機と交信をしたのではないかと思われる高浜機長は、その後急に左旋回をして群馬県の山に向かっていく。その際、ファントム二機は急発進をしてきたために、そろそろ燃料切れとなることから埼玉県の方向、つまり百里基地に戻っていったとも思われる。上野村での目撃情報によると、大きい飛行機と小さなジェット機二機が同時刻に飛行した後、小さなジェット機二機は、埼玉県の方向に去っている。このことから推測すると、墜落直前に戻った、ということになるかもしれない。

その頃、高浜機長は上空から見て長野県川上村レタス畑の広大な農地に不時着しようと考え、一度低空で回って確かめ、再度着陸態勢に入ろうとしたのかもしれない。これは不時着する場合、可能であれば一度下見をするとキャプテンから聞いたことがあるからだ。

しかしながら、旋回が急すぎて高度が保てず、外側の第四エンジンを樹木（一本カラ松）にひっかけて墜落、または、赤い飛行物体がエンジン部分にぶつかり墜落したのかもしれないが、いずれにしても、吸着状態で飛行する赤色の物体も、一緒に墜落したのだろうと考える。

その赤い破片（ミサイルの痕跡）を消すこと、それを最優先にして人命救助は後回しにした。遺体の状況から推定すると、その際、現場を破壊してなんらかの証拠を消すためにゲル状燃料の武器を使用したのではないだろうか。このように結果からさかのぼって考えると、いろいろな場面の説明がつく。

○完全炭化した遺体から推測できることとして、ガソリンとタールを混ぜたゲル化液体を付着させる武器を使用した可能性があるのではないだろうか。

○非発表のファントム二機による墜落前の日航１２３便追尾が明確になった。
○墜落直前に赤い飛行機と思われたただ円や円筒形に見える物体を目撃した人がいる。

この三点が物語ることは、武器を持つ自衛隊や米軍が関与していると思わざるを得ない、ということを明記しておきたい。

そして、「遺体に口あり」を私たちは決して忘れてはならない。

（注1）フラッター説とは主に航空関係者が主張する説の一つであり、圧力隔壁破損からではなく、垂直尾翼付近の構造上の欠陥等から不具合が生じてフラッター状態となって破損したのではないだろうかという説である。フラッターというブレの不安定な状態から発生した空気の乱れや振動の助長で、上下の方向舵のねじれによる構造破壊につながったとなる。ただこの直接的原因は不明で、外的要因か従来からの不具合かは言及されていない。

2　未来に向けて私たちができること

海底に沈む機体の断片は、私たちに何を教えてくれるのだろう。

いつかは引き揚げられることを願うが、もはや何の証拠にもならないかもしれない。しかし、海底に眠るその破片が物語ることは、事実がどれほど恐ろしいものであろうとも、そこから目を背けてはいけないということだ。

私たちに残された課題は大きい。


どうすれば、間違ったことを正して勇気をもって公にできるのだろうか。


故意か過失か、組織の指示か否か、いずれを問わず人命よりも優先されるものなどこの世の中にはない。戦争でもない「平時」に、人命を最優先するという当たり前のことが行われず、もし何かの隠蔽工作が行われたとするなら、それを正当化する理由などどこにもない。

それでは、情報を知り得た人がそれを隠し続けているならば、どのような仕組みを作れば情報を公開することが可能になるのだろうか。

情報の開示は全国民共通の利益となって、今後様々な物事を判断するうえで貴重な材料となるが、今の世の中はまったく逆の状況で、話しにくい環境になってきている。

さらに、自衛隊の任務も多岐にわたり、遠い海外の戦場に派遣されることも増えるだろう。武力を持つ自衛隊に対して、防衛大臣がシビリアンコントロール（国防に関して文民が最高の指導権を持つ制度）をきかせることができるのだろうか。大変疑問である。

重要なことは、たとえそれが組織の命令であっても、非人道的な行いに対しては告発が可能となる環境や法整備、自由にものが言える部署を設けるなど、何らかのチェック機能を持たせることである。

二〇一一年三月十一日、十四時四十六分に発生した東日本大震災による福島第一原子力発電所事故は、原発の安全神話が崩れたことのみならず、いまだに続いている放射能漏れの実態をどのように考えるかが大変重要だ。爆発する原子力発電所の映像を見た時、誰もがまさかここまで被害が拡大するとは思ってもいなかった。あの時、今後の予想として最悪の結果を伝えるジャーナリストや研究者を片隅に追いやり、名指しで批判した人々は、今なお福島が置かれた状況をどのように思っているのだろうか。

二〇一七年二月二十四日付『毎日新聞』によると『東日本大震災六年、汚染水、果てなき闘い―福島第一原発』とある。毎日新たに約400トンもの汚染水が汲み上げられて1000基以上のタンクに保管されていくとのことだ。事件発生直後に敷地内に設置した汚染水対策用の「フランジ型」と呼ばれる大量のタンクはすでに老朽化し始め、汚染水が漏れ出ている。今度はこの古いタンクの解体作業が始まる。このいたちごっこのような作業が延々と続くのである。一日約六千人の作業員が毎時300マイクロシーベルト（3号機周辺）という職場で働いている。このツケを私たちの子孫に渡し続けなければならないのである。

それでもなお、原発事故はもうなかったことと思い込みたい人々や、現政権を支持して再稼働を願う人がいるのはなぜだろうか。これは、人間にとって最も大切な共感力が欠落しているとしか思えない。

あの時の自衛隊の活躍は、東北出身の私にとってとても頼もしく、家族や友人たちも心底有難いものだったと語っている。その活動を目の当たりにして救われた人も多数いた。心から感謝し、敬意を表したい。

このような災害救助活動を世界中で行えば、誰も日本を嫌いにはならない。自衛隊員もあの時、「有難う」や「お陰さまで助かった」といった感謝の言葉を山ほど浴びただろう。そこに喜びがあり、仕事へのプライドとやる気が生まれるのではないだろうか。しかし、もし他国に対して、ミサイル攻撃をするようなことがあれば、必ず憎しみが生まれる。さらに、テレビゲームのような画面での空爆で、その爆弾の下にいた家族が死亡すれば子どもたちに復讐の心が芽生える。こういった負の連鎖によって戦争がくり返されるのではないか。

現実を理想に近づける努力をすることこそが大切だと、天空の星たちが私たちに語りかけているのではないだろうか。

終章　未来の目は見た

墜落現場の御巣鷹の尾根から遠くに望むＵ字溝。
Ｕ字溝とは墜落時、右翼先端によって樹木がえぐられた現場のこと。今はそこに木々が植林され、見分けがつかなくなっている

『衝撃であった。自分が生まれる前の事故とはいえ、こんなにも御巣鷹山墜落事故について無知だとは思わなかった』

『私はこの事故自体を知らなかった。母に聞いてみると、この大惨事はその時代を生きた人々誰もが知っているような事件だったようだ。時代が進むにつれてこのような事件が記憶から薄れていくべきではないと思う』

『想像を超えた悲惨さについて初めて知った。遺体が切断されて炭化してしまっているために、身元確認ができなかったこと、その確認方法として顔よりも指紋や歯型が身元の決め手になったという事実に衝撃を受けた』

『人はいずれ死ぬが、ここまで恐怖にさらされながら死んで行った人達が無念でならない。圧倒的恐怖と闘いながら一体どんな思いだったのだろうか。死を覚悟したときどんな心境だったのか、想像もできない。しかしそういった絶体絶命の中でも最後まで自分の仕事を全うしようとしていた機長や客室乗務員達の精神力に感動した』

これは二〇一〇年、早稲田大学法学学術院の水島朝穂教授が、担当されている政治経済学部の「法学A」の受講者に課した書評的レポートからの引用である。水島教授は、数多くの課題図書のなかの一冊として、出版されたばかりの『天空の星たちへ』を紹介してくださった。私がこの本の著者ということで、レポートを特別に見せていただいた。

水島教授はご自身のホームページで『日航123便墜落事件から25年――『天空の星たちへ』のこと』（二〇一〇年四月十二日）、『日航123便はなぜ墜落したのか』（二〇一〇年八月九日）と何度かこの事件について書かれており、また『日航123便墜落事件から三十年』（二〇一五年八月十日）には、私が執筆したものを掲載して下さった。

「法学A」は主に一年生が受講するそうで、その多くは一九九一年前後の生まれである。彼らにとっては自分が生まれる六年も前に起きた事故であり、歌手の坂本九さんが亡くなったことぐらいしか知らなかったという学生もいた。

レポートの内容のレベルの高さにまず驚いたが、なかでも三名の学生のレポートが目についた。A君は、陰謀論と言われる外因による事故原因に反論して次のように書いている。なお、この彼の感想は二〇一〇年の時点である。

『（略）ここで米軍、あるいは自衛隊による撃墜という陰謀論に対して反論しておきたい。第一に、地対空ミサイルを用いたとしても、また戦闘機に搭載された空対空ミサイルを用いたとしても、それらに関して全く目撃証言が無い事実が指摘できる。当時運用されていたミサイルはいずれも航跡を残すタイプのものであったし、また、迷走する123便の目撃情報の中には、炎や噴煙を確認したというものは存在せず、爆音を轟かせる戦闘機を目撃したという証言もまた存在しない（略）』（原文ママ）しかし彼は、今回出た戦闘機の目撃情報で考えが変わったのだろう。

またA君は、乗務員たちの仕事に取り組む姿勢と現代の職への意識やモラルの低下を比較して『職という点に限定せず、さらに広い視点で見てみても、自尊心やプライドが重要であるのは言うまでもない。自分自身の信念に基づき、自身の正当性を胸に抱きながら生きる—それはけして自分本位であるということではない』として、何事にも安易に妥協せずに真摯に向き合う姿勢が必要なのではないだろうかと論じている。

次にB君は『墜落原因と今後の日米同盟について』でこう指摘する。

『（略）アメリカ側の異例な対応の早さは、何か重大な過失がアメリカ側にあるのではないかと疑うことができる。（略）これら日米両国の対応に疑惑が生じる。アメリカ側の不可解な行動、外からの強力な衝撃、事故時に自衛隊が海上にいたこと。これらを考えると、日米軍の軍事訓練中における、ミサイルなどの試運転中に、それが飛行中のジャンボジェット機１２３便の垂直尾翼に命中し、墜落事故となってしまったとは考えられはしないだろうか。（略）』（原文ママ）

そして、もしこれが事実であるならば『日米の関係が崩れることを恐れて墜落原因の真相を闇に葬ってよいわけはなく、日米両政府は真実を知りたい人々の気持ちを絶対に裏切ってはいけない、真相を語らないのであれば国民が国家を裁いていく必要性もあるのではないか』と述べている。

メディアについてC君は『見切り発車的な記事の問題』を指摘していた。さらに『このような歴史的大事件においても報道の間違いや矛盾が生じており、メディアからの情報を鵜呑みにすることの危険性』に言及している。『重要な資料の破棄や日米関係などによってまだ解明されていないことがよくわかり、この本を読む機会を得て本当に良かった』ということであった。

その他にも『事故原因の不透明さ』、『運輸省による重要書類破棄とは何事か』といった政府の対応への驚きと批判、『時効成立への不条理』、『自分の果たすべき役割を再認識した』といった感想、『生存者はつらいだろうが、何も知らない私達のために語り部になってほしい』という希望もあった。

確かに、次世代に伝える有効な方法の一つとして語り部がある。戦争体験同様、体験したことを生々しく語ることによって、何も知らない人たちが擬似体験できる。語り部を通じて、自分の想像をはるかに超えた悲惨な体験や凄惨な現場、当事者の苦悩を少しでも感じることで、二度とそのような事件が起こらないように、自分たちはどうすればよいのかを考える機会が与えられる。さらに風化を防ぐ役割もある。

今日においては、科学分析や解析が急速に進み、ＤＮＡ型鑑定や成分鑑定もどんなに微量で何年経ったものでも鑑定が可能である。時の政府が都合の悪いことを墓場までは持っていけない時代だからこそ、語り部の存在は大きい。

今の日本において都合の悪いことをなかったことにし、後世に残すべき重要書類を捨て去ることがまかり通っているとすれば、そのような悪しき見本を見ながら育った子どもたちの行く末はどうなるのだろうか。


少し自分のルーツを振り返りながらその点について考えてみたい。

その昔、仙台伊達藩重臣の家系である曾祖母が東京にある麻布の仙台坂屋敷から東京女学館に馬車で通っていた頃、その父親が第一回衆議院議員選挙（一八九〇年七月一日）に当選した時の話である。彼は貴族院議員でもあったのだが一般の民衆が知識を持たなければ、いずれ政治が腐敗して、世の中が疲弊するという意識のもとで民衆の代表となるべく第一回衆議院議員を望んだのである。

特に農村に学問を広めたいという信念のもと、当時のすべての財産は農村の子どもたちの学校教育に費やしたと聞いた。地元の郷土史研究家の本には「決して権力者ではなく、人間尊重の民主的人物であった」と記されている。最終的には三万円の借財だけが残り「私財を投じて国家社会のために尽力した結果がこの数字だった」という。没後、地元の人々や友人によって、景行天皇在位中に創建されたという地元の古い神社に石碑が建立された。その際に友人だった詩人の土井晩翠氏が祝歌を贈ってくださった。その神社は３・11東日本大震災の時、階段まで浸水したが、本殿や石碑はギリギリで水がこなかったという。

なぜ、高祖父が農村に学校が必要と考えたのかというと、ほとんどの日本人が農民であり、彼らは国家の基本となる食糧を支える人たちだからである。その彼らが主体となる民主主義に教育は欠かせないものであり、それは一方的に与えられる知識ではなく、自ら考える力を持って政治の良し悪しを判断しなければいけない時代がすぐそこに来る、という危機感によるものだったそうだ。経済優先で商売に傾きすぎず、農業をおろそかにせず、自然と語り合いながら、世界的視野を持ってこの環境を守り続けることこそが日本の大地で生き続ける基本である。けして誰かの言いなりであってはならない、そういう戒めである。今日において、それは達成できたのだろうか。この世間の有り様をどのような思いで天空から眺めているのだろうかと、今年の初めに憲政記念館へ行き、高祖父の顔写真を見ながらこの本を書く決意を新たにしたことを思い出す。

政治の良し悪しを見分ける目、自然環境を考える心、汚れた大地ではなくできる限り美しい大地を未来に残し続ける努力、そこに通じるのは、確かな判断能力を持つということではないだろうか。これは職業のみならず、あらゆる場において、自らの思考を深めて判断能力を養い、判断した結果に対して責任と自信を持って自律的に生きていくことが大切だからである。それがプロ意識にも通じる。客観的に見てもその能力を有していることが望ましく、常に成長し続けなければならない。それを止めてしまった時、人は無知蒙昧に堕してしまう。だからこそ優れた教育者によるしっかりとした教育が必要となってくる。無知では政治の良し悪しは見抜けない。

あの日１２３便に乗務していた先輩たちは極限の状況の下、職務にプライドを持ち、不時着を想定してギリギリまであきらめずに乗客を救う努力を重ねた。それを自ら後世に示すことで、このプロ意識を引き継いでほしい、そして何が重要かを考え続けなければいけないと、後輩の私に遺志を託してくれたのだろう。

この事件を知り、あの日を想い、そして深く考察することによって、未来を担う若い彼らが今日の有り様と重ね合わせて気付いたことの意義は大きい。未来の目は、あの日をしっかりと見たのである。

最後に未来の目に伝えておきたいことがある。

雫石事故（序章三四頁注６参照）の翌々日に『パイロット衝撃の証言〝仮想敵で追跡された〟―１６２人は告発する』（一九七一年八月一日付『読売新聞』）という記事があった。この１６２人というのは雫石事故で亡くなった乗客乗員の人数である。

各航空会社の現役機長が語る事実として、フライト中、かなりの頻度で自衛隊機に仮想敵にされて追跡された経験を持つという衝撃の証言であった。また同紙面には、『過去にも民間機を仮想敵に見なす。といった内容が書かれた訓練用の教令のような紙が、自衛隊の演習場近くの農場で発見されたこともある』という記事もあった。これらについて、当時の空幕副監査官・稲葉由郎二佐は『そんなことは絶対ありません。私どもは相互に直接連絡のとれない相手を目標にすることを厳重に禁止しています』と同記事内で述べている。

この時代は日本万国博覧会（一九七〇年）の翌年で、民間航空機も増加し、米軍や自衛隊との飛行空域の過密が指摘されていた。しかし、仮想敵にされていると感じるようなニアミスも多発しているという機長たちからの証言から考えるとこれは一体どういうことなのだろうか。

墜落した１２３便の高浜機長もそうだったが、民間航空機のパイロットは自衛隊出身者も多い。自衛隊から民間航空会社に転職する際、精神的な面として常に心がけなければならないことがあるという。それは、お客様を第一に考えてフライトをする、という当たり前の意識である。これはもうお亡くなりになったが、元日本航空機長の信太正道氏から聞いた言葉である。一九二六年生まれの信太氏は、海軍兵学校、特攻隊員、海上保安庁、海上警備隊、航空自衛隊を経て日本航空の機長になった経歴を持ち、123便の事故時は香港にフライトで滞在中だったとのことだ。その知らせを聞いて驚いて一晩中クルーたちと語り合いながら過ごしたそうである。その翌年に定年退職をされた。そして二〇一五年に亡くなる直前まで「厭戦庶民の会」の代表として平和活動を行っていた。現場を知り尽くした人だからこそ自衛隊の海外派遣に反対し、語る言葉は重い。

信太氏は、民間航空機のパイロットに必要とされる要件は『①人命優先、②原点に引き返す勇気を持つこと、③目的地の着陸に失敗し、代替空港に目的地を変更する場合、最終目的地における飛行状態がイメージできること、④計器に引きずられないこと』と、著書『最後の特攻隊・二度目の「遺書」』（一九九八年・高文研）に書かれている。特に自衛隊出身者は、人命優先という当たり前のことをよほど意識しないと難しく、武器を持つ場合はこういう意識が必要ないから、ここに大きな違いがあると語っていた。

スチュワーデスに自分は特攻隊員だったと話をしたところ「あらいやだわ、今回のフライト大丈夫かしら？　と言われた」と笑いながら話してくださった。

信太氏によれば、民間航空機のパイロットはその職業を好きで選んだ人が多く、自衛隊の場合、好きというよりも生活の糧として選ぶ人が多いとのことだった。その上、敵機を撃ち落とし、自分だけは墜落しない訓練を重ねていく。そうなると飛行機は武器の一つであり、ミサイルを搭載して運ぶ物体という認識が先に立つそうだ。従って、飛行機を愛機と呼ぶほどではなく、機械として扱ってしまうことで大切にしない人も多いと語っていた。

つまり、相手を殺す手段として航空機を操縦する気持ちと、国と国を結ぶ役割を持って自由に飛び回る民間航空機のパイロットでは、その意識に大きな差がある、ということだろう。

そのような中で自衛隊に「民間航空機を仮想敵とする」といった考え方が出てきても不思議でないかもしれない。もし、これが本当であれば、自衛隊は誰を守るために存在し、何のための訓練かを深く考え直さなければならない。相手を武器で攻撃して敵に打ち勝つためには何が必要かを常に優先して考えてしまう。平時の訓練でいくら守るべきものは自国民だ、と思ったとしても、臨場感や緊張感を持つためや、訓練の効率性を上げるために民間航空機を仮想敵に見立ててしまう、ということの可能性がゼロとは言えまい。事実、そう思わざるを得ない経験をした民間航空機の機長も多い。

さらに、何か失敗した場合、自分たちの都合の悪い情報は隠したいという心理も働き、その情報が開示されることの影響が多大であることへの恐怖心も強いだろう。特に雫石事故では、防衛庁長官、内閣防衛事務次官、自衛隊統合幕僚長、航空幕僚長らの首が飛び、関係する幹部の処分は広範囲にわたった。事故の約三週間前まで防衛庁長官であった中曽根氏らが、雫石事故から学んだことは大きかったはずである。まさか隠蔽の仕方を学んだわけではあるまい。

そして多くの疑問が残る日航１２３便墜落事故について、私たちが忘れてはならないことは次のことである。

あの日、まだ日の明るいうち、墜落前の日航１２３便を追尾するファントム二機を目撃した人たちがいる事実。

日航１２３便のお腹付近に濃い赤色のだ円や円筒形のような物体が吸着しているように見えた事実。

墜落現場付近の人に目撃された真っ赤な飛行機の存在。

検死した医師たちが見た、凄惨な遺体状況や炭化した遺体への疑問。

さらにいまだに引き揚げようとしない海底に沈んだままの機体の残骸。

これらの点を繋ぎ合わせていくと見えてくるものがある。それが私たちに大きなメッセージを持って伝えようとしているのである。そしていまだに事故原因や救助活動に納得できない人たちがいるのだ。

ご遺族で、息子さんが東京消防庁に勤務していたという方が書いた追悼文の一部を記す。

『（略）息子が勤めている東京消防庁では、職員の家族や皆様のために、東京消防庁のプライドにかけて救助活動を申し出てくれたのに、政府は断ったというから言語道断もはなはだしい。いつ何時でも出動可能なように救助設備を完備して待機していたというのに、政府は何を根拠に断ったのか、認識不足も甚だしいと思う。東京消防庁はどんな災害にでも出動できるように常に備えているのに、長野県だ――群馬県だ――と縄張り争いをしている間に、一人、一人と命を落として行ったということを思うと胸が痛く、あきれて物も言えない（原文ママ）』８・１２連絡会『茜雲　総集編』（二〇〇五年・本の泉社）

東京消防庁がいつでも出動可能な状態だったのに「政府が断った」というのである。それを縄張り争いと思っていらっしゃるようだが、私はなんらかの不都合が生じるから断ったのだろうと推定する。

日本航空の社内でも、日航１２３便以外の事故の生のボイスレコーダーは社員に公開されているが、あれだけは何度、乗員側が申し出ても、遺族への配慮という理由で公開されない。遺族は真実が知りたいのであって、それをしないための理由として「遺族への配慮」とは何か？

そこには違う理由が存在しているとしか思えない答えである。

何に対する、誰のための配慮なのだろうか。

あの日、それぞれの仕事のプロたちは自分の使命を全うしようと努力していた。コックピットでは舵の利かない重い操縦桿と格闘する、パイロットたちによる必死の操縦が行われていた。客室ではスチュワーデスたちが、乗客の安全を守ること、そして不時着のその先を考えることに専念していた。

習志野駐屯地の第一空挺団では、墜落現場にいち早く救助に行くための準備を整えて出動を待機していた。

東京消防庁では、すべての乗客、乗員、そして仲間を救うために、いつでも出動できるように救助の準備をしていた。

非番の自衛隊員たちは休暇を返上して急いで職場に赴いた。

最初に墜落現場の位置を把握した在日米軍のアントヌッチ氏はその情報を伝え、米海兵隊も実際に現地にヘリコプターで赴き、現場に降下しようとしていた。炎と煙の中、必死に生存者の救助を考えていた。

上野村猟友会はいち早く墜落現場を把握し、上野村消防団が生存者を発見した。

上野村ではいち早く墜落現場がここだ、とテレビ局にまで電話をして知らせていた。

彼らの思いを一切、無視し、無にしたものは誰か。

いつまでたっても消えない亡くなった人への想いや、拭い去れない疑問を持つこの事件の風化はあり得ない。

いかなる理由があろうとも、未来のためにすべてが公開されることを訴え続けなければならない。そして、私たちは情報が公開された時のそれに対する心構えと答えを用意しておかなければならない。

自衛隊は武器を持つ集団として存在している事実。そして平和を願うために防衛するのであれば、誰のための何を防衛するのかを考えなければならない。

公務員は誰のためにいるのか、政治は何を目的として行うのか、会社経営はどうあるべきなのか……。

自分の置かれた立場の都合で、嘘を語ることは当たり前だ、と勘違いしていないだろうか。嘘は、嘘をつかれた相手を一生傷つけ続けるものだ。そして嘘をついた側にも一生、胸にしこりが残るものである。それを解決する方法は、嘘をついた人による心からの謝罪以外にない。

私たちは未来のためにも、それぞれの道でプロとして考えなおす時がきている。

この事件で命を落とした人々への供養は、まだ生きている関係者が「真実を語ること」、それだけである。そして私たちに出来ることは、長い歴史の中で一時的な政権に惑わされることなく、それぞれの場でゆがみのない事実を後世に残す努力をし続けることではないだろうか。

最後に事実関係を時系列に簡単に表にしたものを記しておく。それぞれどのような動き方をしたのか、あの日の記録として残しておきたい。

●事実関係時系列表

中曽根首相：軽井沢から上野に移動（17時11分発特急あさま22号19時15分上野着）、19時47分公邸着

1985年8／12当日時系列	日航123便状況（一部　公式ボイスレコーダー）	自衛隊　公式発表（それに基づく補足説明）	米軍の動き	信憑性のある目撃情報
18：12	JA8119号機が日航123便として羽田空港離陸	相模湾内　護衛艦まつゆき公試中　石川島播磨重工短距離艦対空誘導弾*1テスト中		
18：24：39	（機長）なんか爆発したぞ			伊豆上空でドンという音
18：24：42	（機長）スコーク7700緊急事態発生			東伊豆町住民S氏目撃証言

18:24:48	（航空機関士）オレンジ？（当時公表されたボイスレコーダーの文字起こしでは、航空用語にはないオールエンジンと記されているが、後にマスコミに流出した音声データではオレンジと聞こえる）	
18:24:51	（副操縦士）これみてくださいよ	
18:24:53	（航空機関士）えっ	
18:24:55	（航空機関士）（オールエンジン）オレンジ…	
18:25		空自峯岡山分屯基地（千葉丸山町・現在は南房総市）第44警戒群123便レーダー確認

18：25：21	123便トラブル発生羽田へ帰る要求をする　高度2万2千フィートに降下する			
18：30	降下中→2万4千フィート 現在地名古屋から72マイル（31：14） 日本語で交信（31：26）		米空軍C130H輸送機大島上空EMG管制塔キャッチ（アントヌッチ空軍中尉）	静岡県藤枝市にて小林美保子氏が、超低空飛行の日航機と追尾するファントム2機を目撃
18：31：47	後ろ（R5）付近が壊れているとの情報			
18：41：55	全航空機123便以外周波数134・0管制交信	18時40分習志野駐屯地の第一空挺団、災害派遣待機命令受け出動用意	高浜機長の日本語での交信を聞く（非常事態のため、管制官と日本語で交信）	自衛隊相馬原所属隊員の目撃情報 18：40自衛隊ファントム2機群馬上空
18：45：46	日航123便操縦不能		オオクラでホールディング（旋回） 横田管制123便 横田基地着陸許可	上野村小学生、中学生および家族が、大型機と小型機2機を目撃

18:46:33	（機長）これはだめかもわからんね			
18:56:28	御巣鷹の尾根に墜落（以下　現場の状況）			
18:57		峯岡山基地吉田勝一尉、中部航空方面隊司令部防衛部長大中康生一佐を通じ、松永貞昭司令官に日航機123便レーダー消滅を伝達 「北緯36度02分東経138度41分」 ↓実際の現場近く御巣鷹の尾根付近		上野村にて爆音、雷音、光を目撃 川上村梓山地区住民数十名が証言 南よりお腹の文字が見えるほどの飛行機がゆったり飛んできた後、ドカンと黒煙、キノコ雲（上野村内）
18:59		羽田、航空機救難調整本部（RCC） 123便消滅情報入手し各方面へ連絡 自衛隊、警察、空自、海保　航空局		

19：01		大中一佐松永空将の了解にて、スクランブル発信命令		
19：05		空自百里F-4EJファントム戦闘機２機（第３０５飛行隊　式地豊二将ら発進）この時間より以前、自衛隊はファントム機、ヘリ等発進させていないと発表		
19：15	炎上中、森林火災発生		１万フィート付近雲下煙発見　地表から２０００フィート降下許可　森林火災の黒煙残骸目視把握　横田までの位置　緯度、経度、方向距離現場把握、米海兵隊救難準備	上野村住民によるヘリ多数の目撃情報あり（19時半前後から）

19：21		空自百里F－4EJ2機現場の炎確認 横田タカン*2 300度32マイル炎上中		ガキ大将スクール*3リーダー大学生Aが、19時30分御巣鷹山近く楢原川原で東から西へ飛ぶヘリの音を聞く
19：30		陸上幕僚長より東部方面総監に対して災害派遣準備指示　習志野空挺団出動解除		携帯無線で墜落を知る 19時33分バイクで捜索開始、南南東御巣鷹へ
19：54		空自百里救難機V107×1で位置確認に発進		20時上野村消防団、猟友会、青年団とA氏が小型ジープ、バイクで捜索
20：33	落合、川上証言：周りから生存者多数の声 「お母さん〜」「よ〜し僕頑張るぞ」「助けて」	東洋空港事務所長から中空司令官に災害派遣要請		
20：40	落合証言：上空にヘリの音、手を振る	空自入間基地から先遣隊30名派遣		

20：42	Ｖ１０７ヘリによると１５０～２００ｍ四方山腹炎上中　横田タカンから２９９度の方向35・５マイルと判定（現場特定）	空自百里Ｖ１０７現場上空到着 墜落現場の詳細な情報を入手し現場特定		
21：05			海兵隊から、上空から降下を試みるが煙と炎がひどくて着陸不可能との連絡を聞く、場所の移動を試みていたところ帰還命令	
21：30		東京空港事務所長（羽田）から東方総監に災害派遣要請 （非公式に救難捜索機ＭＵ２Ｓ機が飛んでいたのを東京新聞他写真　21：50撮影）	21分：アントヌッチ氏が日本の自衛隊機が来たと後に証言。その後引き返す 固定翼機（百里ＭＵ２Ｓ機） アメリカ現地時間	Ａ氏が背広姿の男２人が乗る２０００ccクラスの乗用車とすれ違う直後サーチライトを下に向けたヘリが近づいてくる

			早朝5時半レーガン大統領が電話で起床	
21：35	35分に日航度会広報部長「事故に違いありません」と認める（燃料が尽きる時間のため）	陸自第12偵察隊（相馬原）[4]、第13普通科連隊情報小隊（松本）から被災現地の状況確認のために計12名派遣		
22：00				上野村猟友会が上野村役場集合
23：00	夜中から朝まで現場火災	日航事故対策本部設置第一回会議		県警機動隊員集合
23：30	 月齢25.1 新月で闇	陸自第13普通科連隊（松本）、第12戦車大隊（相馬原）、第12施設大隊（同）から約1000名（指揮官第12師団長合原陸将）を大1陣として派遣		猟友会が機動隊員32名を案内するが、地元に詳しい猟友会側は、墜落現場をスゲノ沢と特定して、機動隊へ進言するが聞き入れず分隊[5]

23時50分運輸省記者会見　山下運輸大臣「まったく予想できない事故でびっくりしている。現段階ではまず乗客乗員の救出に全力を挙げる」その後会見終了後に「これは人災だ」と発言。

＊1　艦対空ミサイルシースパロー（1985年時）
全長3.68m（RIM-7M）/3.66m（RIM-7P）
直径20.3cm
翼幅103.0cm（RIM-7M）/101.6cm（RIM-7P）
発射重量　228kg（RIM-7M）/231kg（RIM-7P）
射程26km
速度Mach4.0
推進方式　固体推進ロケットモーター
エンジン　エアロジェットMk52 Mod2 ロケットモーター（RIM-7H）
ハーキュリーズMk58 Mod4 ロケットモーター（RIM-7M/P/R）
弾頭Mk38 拡張ロッド（66.8ポンド）（RIM-7H）/WAU-17/B 爆風・破片弾頭（40kg）（RIM-7M）
誘導方式　セミアクティブレーダー誘導（RIM-7H）
モノパルス・セミアクティブレーダー誘導（RIM-7M）
IRパッシブシーカー＋セミアクティブレーダー誘導（RIM-7R）

＊2　戦術航法装置。軍用機の短距離航行を支援する通信電子装置。

＊3　ガキ大将スクール（上野村神流川にて小中学生を対象にした夏期合宿訓練、主宰者：黛徳男氏）
A氏が証言したのは「南南東の御巣鷹山方面へむかった」であるが、「御座山の北東中腹で一本煙が昇っているのを発見し、御座山の煙の場所へ向かった」『朝日新聞』8月13日13版（東京本社発行）とある。本人は煙も見ていないし、御座山へも行っていないという。

＊4　相馬原部隊は1985年当時、陸上自衛隊普通科（歩兵）。

＊5
21時に県警から藤村輔二郎上野村猟友会長に電話で、山案内を頼まれたため、猟友会が集合。しかし猟友会側の意見を無視して上からの命令の場所へ誘導させられる。そこは墜落場所ではないと再度主張。その結果、2班に分かれて移動した。しかし機動隊の足が異常に遅く、現地へ到着せず。自衛隊ヘリによる道案内も違う場所を空から指示。空が明るくなっても機動隊は別の場所を主張。消防団、猟友会独自にスゲノ沢へ移動。夜明けとなると急に機動隊はレンジャー部隊編成のためと言い、本部へ引き返した。

謝辞

三十二年前の墜落発生時まで遡って新聞報道や関係資料を読み込み、現場を体験した人たちの声にこだわり続け、信憑性のある目撃情報をもとにして科学的な思考を進めて出てきた答えは、これは事故ではなく五百二十名が亡くなるという事件であった可能性が非常に高い、ということであった。

ここまでたどり着くのに膨大な時間を費やしたが、一般の方々が納得することを心がけて書き進めてきた。それを支えてくれたのは、『小さな目は見た』と『かんな川5』という上野村立上野小学校と上野村立上野中学校の文集の存在であった。これを読んだ時の衝撃は忘れられない。図書館の片隅に置かれたままならば、せっかく残してくれた人たちに申し訳がないような気がした。今こそ、ここに光を当てなければ、いずれ風化してしまうという危機感から、前著『天空の星たちへ―日航１２３便あの日の記憶』（その後『疑惑のはじまり』と改題し再刊）からさらに取材と考察を進め、この本を書く決意をした。

この文集の存在や、多くの情報を与えてくれた皆様に心から感謝したい。

丁寧な手書きのお手紙や、何年もかけて詳細に調べたファイルの提供、御巣鷹の尾根に今もなお残る機体の破片などを送ってくださる方もいた。作家の故・山崎豊子氏にも生前、前著に対して『スチュワーデスだった方が書いた本ということで読ませていただきました』という内容のお葉書を頂いた。

故・山下徳夫元運輸大臣にお会いした時の率直な話は大変貴重であったと確信する。

遺族の吉備素子様にも実体験に基づく驚くべき話を聞かせていただいたことに心から感謝申し上げる。その臨場感溢れる話には、今後の日本航空が本当の意味で再建し、世の中に必要とされる会社となるための手がかりがいくつも含まれていると考える。経営陣というものがどうあるべきかについても、ぜひ謙虚に読んでほしいと願っている。

再生した日本航空は機長経験者が社長となり、スチュワーデスが代表取締役専務となっているが、これは当時ではまったく考えられなかったことである。その新鮮な目で、あの日の墜落の事実を正面からきちんと見つめてほしい。その時はじめて、真に再生した会社として生まれ変わるだろう。

勇気を振り絞って目撃証言を提供してくれた小林美保子様に感謝申し上げる。きっと天空の星たちも小林さんに心から感謝しているに違いない。その後、前から行かなければと思っていた日本航空安全啓発センターを見学したとの報告を受けた。あの日に飛んでいた飛行機の無残な姿にきっと言葉を失ったことだろう。担当者は当時を知らない人であったようで、当時を知る語り部のような人にいろいろと解説をしてほしかったとのことであった。「語り部」の存在は大変重要であり、こういった意見も参考にしてほしい。

なお二年前に首相公邸にて、再調査を願って吉備素子氏と群馬県警察医の歯科医師大國勉氏が現場の遺体状況や遺族として経験したことを話す機会を得た。こうやって公の人たちが知ることで再認識され、その先に真実が見えてくることを心から願う。

サポートをしてくださった有識者の皆様、宮城県及び群馬県の弁護士の皆様、大学の研究者の皆様にもお礼を述べたい。特に早稲田大学法学学術院教授の水島朝穂氏には大変お世話になり、書く勇気を与えていただいた。早稲田大学の学生の皆様にも感謝申し上げる。

また、日本大学名誉教授の押田茂實氏にも大変お世話になった。先生のビデオについては、その後群馬県警から連絡があったとのことで、近いうちに返却されるはずである。学生たちのためにも研究材料として活用されることだろう。日本の法医学の未来に期待したい。

本書を編集した石原多恵氏と、三十三回忌というこの年に出版の機会を与えていただいた河出書房新社の西口徹氏にも心から感謝の意を表したい。

温かく見守ってくれた家族、体重六十キロの超大型犬の愛犬に感謝する。なお、犬による不思議なご縁で、オバマ前大統領夫妻の愛犬ボーとサニーを描いた絵皿の企画をボランティアで手伝った。オバマ氏の広島での講演と被爆者との交流は静かな感動を呼んだ。

日米友好のために製作した絵皿の裏には愛犬のマークが入っており、今はホワイトハウスから引っ越し、ワシントンＤＣのカロラマ近郊に飾ってあるそうだ。いつの日かその絵皿と再会してみたい。

あの日墜落した飛行機の貨物室にも犬が一頭乗っていた。飼い主と離れてゲージに入れられたその犬は、あの異常な機体の動きにきっと怖くて泣いていただろう。天国の虹の橋でご主人とやっと会えたことを祈る。

最後になったが、三十三回忌の弔い上げとして、天空の星たちにこの本を捧げたい。

二〇一七年六月一日　青山透子

参考文献（発行年順）

一九八五年八月十二日から二〇一七年五月三十日までの新聞各紙（順不同）
朝日新聞、毎日新聞、読売新聞、東京新聞、サンケイ（産経）新聞、しんぶん赤旗、上毛新聞、信濃毎日新聞、日本経済新聞、中日新聞、The Japan Times、PACIFIC STARS AND STRIPES
上野村立上野小学校「日航機墜落事故についての文集―小さな目は見た」一九八五年
上野村立上野中学校「かんな川５」一九八五年

【書籍】
読売新聞社編「兵器最先端８」読売新聞社　一九八五年十月
読売新聞社編「兵器最先端２」読売新聞社　一九八五年十二月
出射忠明「兵器メカニズム図鑑」グランプリ出版　一九八七年
吉岡忍「墜落の夏―日航１２３便事故全記録」新潮社　一九八九年
川北宇夫「墜落事故のあと」文藝春秋　一九九二年
信太正道「最後の特攻隊員・二度目の「遺書」」高文研　一九九八年
宮村浩高「葬り去られた真実―日航ジャンボ機墜落事故の疑惑―」青心社　二〇〇三年
河村一男「日航機墜落―１２３便捜索の真相」イースト・プレス　二〇〇四年
久保田浪之介「ミサイルの本」日刊工業新聞社　二〇〇四年
内藤修・花井健朗「陸海空自衛隊制服図鑑」並木書房　二〇〇六年
水島朝穂「憲法『私』論」小学館　二〇〇六年
藤田日出男「あの航空機事故はこうして起きた」新潮社　二〇〇五年
８・１２連絡会「茜雲総集編―日航機御巣鷹山墜落事故遺族の20年」本の泉社　二〇〇五年

押田茂實「法医学現場の真相―今だから語れる『事件・事故』の裏側」祥伝社　二〇一〇年
美谷島邦子「御巣鷹山と生きる―日航機墜落事故遺族の25年」二〇一〇年
屋山太郎「JAL再生の嘘」、PHP研究所　二〇一〇年
青山透子「天空の星たちへ―日航123便　あの日の記憶」マガジンランド　二〇一〇年
町田徹「JAL再建の真実」講談社現代新書　二〇一二年
中曽根康弘「中曽根康弘が語る戦後日本外交」新潮社　二〇一二年
小田周二「日航機墜落事故―真実と真相」文芸社　二〇一五年
北村行孝・鶴岡憲一「日航機事故の謎は解けたか―御巣鷹山墜落事故の全貌」花伝社　二〇一五年
小平尚典「4／524」アドレナライズ　二〇一五年

［雑誌］

週刊文春　一九八五年九月五日号　28-36頁　文藝春秋
週刊新潮　一九八五年九月十一日号　34-37頁　新潮社
週刊ポスト　一九八五年九月二十日号　48-50頁　小学館
FOCUS　一九八五年十一月十五日号　10-11頁　新潮社
週刊新潮　一九八五年九月二十六日号　36-41頁　新潮社
アサヒグラフ　一九八五年八月三十日28-29頁　朝日新聞社
新潮45　一九八六年一月号　12-24頁　新潮社
文藝春秋　一九八六年九月号　262-271頁　文藝春秋
週刊新潮　二〇〇六年八月三十一日号　58-60頁　新潮社
週刊現代　二〇一〇年八月一四日号　62-65頁　講談社
週刊金曜日　二〇一一年二月十八日号　52-55頁　週刊金曜日
週刊金曜日　二〇一一年三月四日号　32-34頁　週刊金曜日

航空無線ハンドブック２０１４　二〇一四年　イカロス出版
新潮45　二〇一五年八月号　150-161頁　新潮社

［雫石事故裁判記録］

盛岡地方裁判所判決／昭和四十六年（わ）第１４３号　判決日付昭和五十年三月十一日
仙台高等裁判所判決／昭和五十年（う）第１２０号　判決日付昭和五十三年五月九日
最高裁判所第一小法廷判決／昭和五十三年（あ）第１３３３号　判決日付昭和五十八年九月二十二日

［論文・報告書］

群馬県警察本部編「上毛警友十月号―日航機墜落事故対策特集」群馬県警察本部　一九八五年
外務省「昭和六十年度版わが外交の近況　外交青書―１９８５年版第29号」一九八五年
群馬県医師会編「日航１２３便墜落事故の際の群馬県医師会の対応」群馬県医師会　一九八六年
群馬県総務部消防防災課編「日航１２３便墜落事故対策の記録」群馬県　一九八六年
古川研「日航機墜落事故現場報告」日本法医学会　一九八六年
群馬県歯科医師会編「日航ジャンボ機墜落と歯科医師の記録」群馬県歯科医師会　一九八六年
日本赤十字社振興部報道課編「救護体験記：85・8・12　日航機墜落事故現場から」日本赤十字社　一九八六年
日航１２３便事故と医師会の活動編集委員編「日航１２３便と医師会の活動」群馬県医師会　一九八七年
運輸省航空事故調査委員会「航空事故調査報告書―日本航空株式会社所属ボーイング式７４７ＳＲ―１００型ＪＡ８１１９・群馬県多野郡上野村山中昭和60年８月12日」一九八七年
８・１２連絡会・原因究明部会編「ボーイング７４７（ＪＡ８１１９号機）はなぜ墜落したか―事故調査経過の整理と提言」８・１２連絡会、原因究明部会　一九八七年
日航１２３便墜落事故遭難者遺族有志上野村セミナー組織委員会編「上野村セミナー」一九八九年
８・１２連絡会「日航機事故不起訴理由説明会概要　90・7・17前橋地検」一九九〇年

日航123便事故遭難者遺族有志航空安全国際ラリー組織委員会編「航空安全国際ラリー」

「航空安全国際ラリー実行委員会」　一九九〇年

「航空安全国際ラリー第3回」　一九九一年

「航空安全国際ラリー第4回」　一九九二年

「航空安全国際ラリー第5回」　一九九六年

「航空安全国際ラリー第6回」　一九九八年

「航空安全国際ラリー第7回」　一九九九年

国際民間航空条約第13付属書第8版、財団法人航空振興財団　一九九四年七月

池田良彦「シカゴ条約第13付属書（航空機事故調査）と刑事責任を求めることの矛盾」東海大学統合教育センター紀要第24号　二〇〇四年

松山健二「核の拡散防止と日本の安全保障―核トマホーク退役の論点」国会図書館調査及び立法考査局レファレンス二〇一一年一月号　47-61頁

運輸安全委員会事務局「日本航空123便の御巣鷹山墜落事故に係わる航空事故調査報告書についての解説」二〇一一年

酒井圭「科学鑑定を身近に―鑑定科学技術センター見学報告」季刊刑事弁護69号　186-187頁　二〇一二年

［英語文献］

Christopher P.Hood, DEALING WITH DISASTER IN JAPAN1-Responses to the flight JL 123 crash, Routledge. 2011.

Captain John Moore ed. by, Moore, John E. Jane's FIGHTING SHIPS 1985-1986. Jane's Publishing, 1985.

Norman Friedman, THE NAVAL INSTITUTE GUIDE TO WORLD NAVAL WEPONS SISTEMS, Naval Institute Press, 1989.

THE DAILY DIARY OF PRESIDENT RONALD REAGAN, AUGUST7-31, 1985, RONALD REAGAN Presidential Foundation Library and Museum.

文庫版あとがき

沈黙という暗闇の中からようやく出てきたこの貴重な目撃証言を、私たちは絶対に埋もれさせてはならない。
「真実と向き合わなければ前に進めない」という声を救い上げ、それを妨げることなく尊重して広く伝え、それぞれの立場を超えて人としての役割を全うしなければならない。

二〇一五年秋、「著者の青山透子さんにお会いして聞いてもらいたい目撃情報がある」と最初の本の担当編集者に会いに来て下さったのが小林美穂子氏であった。編集者によれば、小林さんは「このようなことは初めてで、とても悩んで迷ったのだが、『天空の星たちへ――日航123便あの日の記憶』を書いた当事者意識の高い青山さんに伝えるのが自分の役割なのではないか、特に女性なので私も話しやすいと考えて来た」とおっしゃっていたそうだ。長年、いつか誰かに伝えなければという使命感を持った彼女のあの日の記憶は、実に鮮明で詳細であった。

当時の私は、読者の皆様からの情報をもとにして、日航123便墜落現場の村である群馬県上野村村立小学校と中学校、総勢二百三十五名が書いた文集の存在を知った。あの日に目撃したことを「体験が生々しく新鮮なうちに考えを深めてまとめることが、子供たちの長い人生の中で役立つことであり、尊い犠牲者の皆様のご供養に通ずるものと考えた」という思いで企画されたという上野村小学校の文集は、墜落からたった一か月後の一九八五年九月に発行されている。しかも、文集のタイトルは「小さな目は見た」だ。

早速私は、当時上野村小学校の校長だった神田箕守氏に連絡をとったところ、ご自身もファントム機と思われるものが飛行する音を聞いたという。「あの日に見聞きしたことはやがて忘却の彼方に消え去ることは必至であり、この日に体験したことを忘れ去ることがないよう、その記憶が新しいうちにという思いで文集作りを計画した」とのことだった。教育者として未来を担う子供たちの将来を見据えた深い信念を感じた。

しかしこういった目撃情報を正確に、そして確実に伝えようとすればするほど、世間では大きな壁が立ちはだかり、ようやく灯った蠟燭の炎を吹き消そうとするがごとく、凍てつく寒風が吹き荒れていた。

次回作を諦めかけていたその時、急転直下の運命が待っていた。奇跡的な出会いが綱渡りのようにして新たな出会いを生み、この文庫の親本が世に出ることが決定したのである。

こうして河出書房新社から第二作が出版されたのは、日航１２３便墜落で亡くなった五二一人（胎児を含む）の三十三回忌、二〇一七年のことであった。

「一念岩をも通す」とはこういうことなのだと実感しながら、難産の末生まれたこの本は、連日多くの人々の目に留まり、毎週末ごとに、担当編集者の「重版が決定しました！」という驚きの声と共に、これらの貴重な目撃情報をこの世に送り出してくれた。

本書は、二〇一八年度の本屋大賞ノンフィクション部門にノミネートされて大賞は逃したが、全国学校図書館協議会選定図書に選んでいただいた。さっそく先輩方の墓標に報告に行ったことを思い出す。

公表されている事実と異なる目撃証言をテーマとしたこの本の内容については、世間もご遺族の中でも、事実とは思えずにそれらを受け入れがたい感情や対応も様々であることは十分承知している。しかしながら後部圧力隔壁修理ミス説が本当に正しいのか――。

全ての先入観を取り去り、全く別の角度から事実を直視することで見えてくる新たな墜落の新事実が、目撃者たちの証言から見えてくるのではないだろうか。あの日を知る人間たちが、これらを伝えることは、突然命を絶たれた五二一人へ向けた真の弔いであると考える。

そして私たちはこの現実を受け入れなければならない。なぜならば、「そんなはずがない」と思いたい気持ちをはるかに超えて、現在進行中のこの世の中で、はずがないことが実際に起こりうることが徐々にわかってきたからである。

二〇二〇年、お正月気分も抜けきらぬうちに、イラン・イスラム共和国においてイラン軍による民間機誤射事件も起きた。自国の空港から飛び立ったばかりの民間航空機を自国の軍隊が誤射したのである。そういう事実を前にして「ありえない」ということは、もはやありえない。このように、気づきを持つ人たちが増えれば増えるほど、こんどは不都合な真実を隠したい人も焦ってくる。彼らはあまりにも愚かな行動を起こし、ヒステリックな形相で過度に否定してくる。その状況を見れば、逆にこちら側が真実なのは明らかである。

私たちは一切の思い込みを捨てて、そこにある新たな事実を受け入れる時がきている。

特に航空機墜落における隠蔽は、本当の墜落原因を追及する機会を奪い、公共交通機関における責任を放棄させ、誰もが事件に遭遇する可能性があることを覆い隠す。

これでいいのであろうか。日本航空も国土交通省も嘘を重ねて得られる利益はないと悟るべきである。彼らが守るべきものは、会社や役所ではない。未来永劫その汚点を隠すことでもない。貴方方の仕事の本来の目的は、乗客を安全に運び、国民を守ることなのだから。

反省なき未来はいずれ崩壊する。


本書を通じて出会えた多くの皆様に心から感謝申し上げる。読者からの励ましの言葉は私を奮い立たせてくれた。初版本の帯に書かれた言葉は、「事故ではなく、事件か⁉」であったが、今年は墜落後三十五年という長い年月によって事故がまさに事件となりつつある。

今、私は次のステージへと向かって始動している。より一層、多くの皆様に本書を通じて事実を知って頂き、これに共感する人々と共に、あの日全てが始まった相模湾から航空機の残骸を引き上げたいと思う。

天空を見上げれば、——これ以上の隠蔽は許さない——無数の星たちの叫び声が聞こえた。

二〇二〇年三月
新型コロナウイルスのパンデミックが世界中を覆う非日常的日々を体験しながら

青山　透子

●文庫解説――

日本の経済社会を変えた日航１２３便事件

森永卓郎

私は、かれこれ三十年近くにわたってテレビやラジオの情報番組に携わってきた。その仕事のなかで、一番大きな疑問として、心の中にわだかまってきたのが、日本航空１２３便の墜落事故だった。御巣鷹の尾根に墜落した直後から、事故原因に関していくつもの疑問が呈されてきた。そのなかには、様々な陰謀説も含まれている。しかし、本書は、そうした陰謀説とは、一線を画している。

著者は、事故当時、日本航空の客室乗務員を務めていた。亡くなった同僚たちを思って、事故原因を調査し始めたのだが、彼女はその後東京大学で博士号を取得している。そのことが本書を性格づけた。私も博士論文の審査の経験があるので分かるのだが、博士論文は、卒業論文とは比べ物にならないほど厳密な論証が要求される。憶測は絶対に許されない。その博士論文と同じように、本書は具体的な証拠と原則実名の証言に基づいて、事故原因に迫っているのだ。

　123便は、午後七時前に墜落したが、公式には、現場が特定されたのは翌朝だったということになっている。事故直後の報道では、墜落現場が二転三転した。不思議なのは、墜落現場近くの住民が火の手が上がっているのを目撃し、通報していることだ。また、事故直後に米軍の輸送機が墜落現場を特定し、その後米軍基地から救援ヘリも飛ばしている。ところが、なぜか日本政府には墜落現場が伝わらなかったということになっているのだ。

　本書によると、墜落直前まで123便を二機の自衛隊のファントム機が追尾していたという複数の証言がある。そのなかには、嘘をつく必要がまったくない子供たちの証言も含まれている。自衛隊機が追尾していたのなら、政府は最初から墜落現場を特定していたことになるのだ。

　それでは、発見までの間に自衛隊は何をしていたのか。本書によると、機体前部の遺体は完全炭化するほど燃え尽き、現場にはガソリンとタールを混ぜたような異臭が漂っていたという。自衛隊が使う火炎放射器は、ガソリンとタールを混合したゲル状燃料を用いている。

　本書のもう一つの注目点は、ファントム機とは別に、123便を追尾していた赤い飛行体の存在だ。それは、地上から目撃され、乗客が機内から撮った写真にも写っている。自衛隊が使う炸薬非搭載の訓練用ミサイルは、オレンジ色に塗られている。それが尾翼破壊の原因になった可能性があるというのが、著者の見立てだ。

著者は本書のなかで憶測を徹底的に排除しているので、ここからは完全な私の憶測だ。

墜落事故当時、私は経済企画庁という役所に勤務していた。私が働く部署では、国会開会中は、「防衛費1%問題」の総理答弁作成に連日追われていた。防衛費が膨張し、政府が公言していた「GDPの1%以内に防衛費を抑える」という約束が破られたのではないかというのが、野党の主張だった。自衛隊に対する国民の理解が、いまとは全く異なり、自衛隊に対する批判が根強かったのだ。

そうした世論のなかで、国産ミサイル開発をしていた自衛隊が、ミスとは言え、五二〇人もの命を奪った事故の原因を作ったとすれば、それは自衛隊への批判が強まるどころか、国の存亡にかかわる事件になってしまう。そこで、中曽根政権は、ボーイング社に泥をかぶってもらうことにしたのではないだろうか。

もしこの仮説が正しいとすると、ボーイング社はとてつもない負担を受け入れたことになる。単独機としては世界最大の死亡者数をもたらした墜落事故の原因をボーイング社の修理ミスが生み出したという事故調査委員会の公式見解は、ボーイング社の経営に大きな被害をもたらすからだ。

不思議なことに、日本の航空業界では、墜落事故以降も、ボーイング社が圧倒的なシェアを維持し続けている。それだけではない。日本政府は、別の形で代償を支払ったのではないだろうか。事故の翌月、先進五か国の大蔵大臣、中央銀行総裁が、ニューヨークのプラザホテルに集まり、「プラザ合意」という取り決めをした。その内容は、協調介入により、猛烈な円高に向かわせるというものだった。実際、このプラザ合意をきっかけに為替は大きく動いた。プラザ合意直前まで、1ドル＝240円だった対ドル為替レートは、二年後には1ドル＝120円の超円高となった。これは、日本の輸出製品に一律一〇〇％の関税をかけるのと同じだ。案の定、日本経済は、その後円高不況に陥った。経済が失速するなかで、日銀が大きな融資の伸び率を銀行に事実上強制する「窓口指導」を続けたため、行き場を失った資金が株や不動産に向かった。そのため、日本経済はバブル状態になった。

しかし、バブルは必ず崩壊する。九〇年代以降の不動産価格の暴落で、銀行融資に巨額の担保割れが生じ、それが不良債権と呼ばれるようになった。不良債権処理を掲げた小泉政権は、処理を断行し、生体解剖された日本企業や日本企業が抱える貴重な資産は、二束三文で、主として米国のファンドに買い漁られた。その結果、日本のGDPの対世界シェアは、ピーク時の三分の一にまで低下してしまった。そして、日本の米国への隷属姿勢は、むしろどんどん強まっているのだ。

つまり、日航123便の事故は、日本の経済社会を変えてしまうほどの大事件だった可能性がある。だから、戦後最大の疑獄である日航123便の墜落事件の真相を明らかにすることは、今後の国のあり方を考える上で、最重要事項となっているのだ。

実は、本書が出版されて以降、私は、政府関係者、日本航空、政治家に、事故原因の再調査を進言してきた。しかし、誰も動かない。相模湾に沈む尾翼を引き上げれば、真実が明らかになる。もし訓練用ミサイルが原因だとするならば、ミサイルをオレンジに塗装していた塗料が発見されるはずだからだ。にもかかわらず、引き上げの動きは、いまのところ、まったくないのだ。

こうした状況の下では、国民が声を上げる以外に真相を究明する方法はないだろう。そのために、ぜひ本書に書かれた真実をもとに、読者が自分の頭で考えて、一人ひとりの声を上げて欲しい。それが、三分の一に転落してしまった日本経済や完全な米国隷属になってしまった日本の政治を立て直す唯一の方法なのではないかと私は考えている。

（経済アナリスト）

＊本書は二〇一七年七月、小社より刊行
された単行本を文庫にしたものです。

日航《にっこう》123便《ひゃくにじゅうさんびん》
墜落《ついらく》の新事実《しんじじつ》
目撃証言《もくげきしょうげん》から真相《しんそう》に迫《せま》る

二〇二〇年 六月二〇日 初版発行
二〇二二年一〇月三〇日 5刷発行

著　者　青山透子《あおやまとうこ》

発行者　小野寺優
発行所　株式会社河出書房新社
〒一五一-〇〇五一
東京都渋谷区千駄ヶ谷二-三二-二
電話〇三-三四〇四-八六一一（編集）
〇三-三四〇四-一二〇一（営業）
https://www.kawade.co.jp/

ロゴ・表紙デザイン　粟津潔
本文フォーマット　佐々木暁
本文組版　株式会社ステラ
印刷・製本　中央精版印刷株式会社

Printed in Japan ISBN978-4-309-41750-9

裁判狂時代　喜劇の法廷★傍聴記

阿曽山大噴火　40833-0

世にもおかしな仰天法廷劇の数々！　大川興業所属「日本一の裁判傍聴マニア」が信じられない珍妙奇天烈な爆笑法廷を大公開！　石原裕次郎の弟を自称する窃盗犯や極刑を望む痴漢など、報道のリアルな裏側。

裁判狂事件簿　驚異の法廷★傍聴記

阿曽山大噴火　41020-3

報道されたアノ事件は、その後どうなったのか？　法廷で繰り広げられるドラマを日本一の傍聴マニアが記録した驚異の事件簿。監禁王子、ニセ有栖川宮事件ほか全三十五篇。〈裁判狂〉シリーズ第二弾。

東京裁判の全貌

太平洋戦争研究会〔編〕　平塚柾緒　40750-0

戦後六十年——現代に至るまでの日本人の戦争観と歴史意識の原点にもなった極東国際軍事裁判。絞首刑七名、終身禁固刑十六名という判決において何がどのように裁かれたのか、その全経過を克明に解き明かす。

教養としての宗教事件史

島田裕巳　41439-3

宗教とは本来、スキャンダラスなものである。四十九の事件をひもときつつ、人類と宗教の関わりをダイナミックに描く現代人必読の宗教入門。ビジネスパーソンにも学生にも。宗教がわかれば、世界がわかる！

私戦

本田靖春　41173-6

一九六八年、暴力団員を射殺し、寸又峡温泉の旅館に人質をとり篭城した劇場型犯罪・金嬉老事件。差別に晒され続けた犯人と直に向き合い、事件の背景にある悲哀に寄り添った、戦後ノンフィクションの傑作。

ミッキーマウスはなぜ消されたか　核兵器からタイタニックまで封印された10のエピソード

安藤健二　41109-5

小学校のプールに描かれたミッキーはなぜ消されたのか？　父島には核兵器が封じられている？　古今東西の密やかな噂を突き詰めて見えてくる奇妙な符号——書き下ろしを加えた文庫オリジナル版。

軋む社会　教育・仕事・若者の現在

本田由紀　41090-6

希望を持てないこの社会の重荷を、未来を支える若者が背負う必要などあるのか。この危機と失意を前にし、社会を進展させていく具体策とは何か。増補として「シューカツ」を問う論考を追加。

思想をつむぐ人たち　鶴見俊輔コレクション1

鶴見俊輔　黒川創〔編〕　41174-3

みずみずしい文章でつづられてきた数々の伝記作品から、鶴見の哲学の系譜を軸に選びあげたコレクション。オーウェルから花田清輝、ミヤコ蝶々、そしてホワイトヘッドまで。解題＝黒川創、解説＝坪内祐三

日本

姜尚中／中島岳志　41104-0

寄る辺なき人々を生み出す「共同体の一元化」に危機感をもつ二人が、日本近代思想・運動の読み直しを通じて、人々にとって生きる根拠となる居場所の重要性と「日本」の形を問う。震災後初の対談も収録。

文明の内なる衝突　9.11、そして3.11へ

大澤真幸　41097-5

「9・11」は我々の内なる欲望を映す鏡だった！　資本主義社会の閉塞を突破してみせるスリリングな思考。十年後に奇しくも起きたもう一つの「11」から新たな思想的教訓を引き出す「3・11」論を増補。

右翼と左翼はどうちがう？

雨宮処凛　41279-5

右翼と左翼、命懸けで闘い、求めているのはどちらも平和な社会。なのに、ぶつかり合うのはなぜか？　両方の活動を経験した著者が、歴史や現状をとことん嚙み砕く。活動家六人への取材も収録。

カネと暴力の系譜学

萱野稔人　41532-1

生きるためにはカネが必要だ。この明快な事実から国家と暴力と労働のシステムをとらえなおして社会への視点を一新させて思想家・萱野の登場を決定づけた歴史的な名著。

死刑のある国ニッポン

森達也／藤井誠二　41416-4

「知らない」で済ませるのは、罪だ。真っ向対立する廃止派・森と存置派・藤井が、死刑制度の本質をめぐり、苦悶しながら交わした大激論！　文庫化にあたり、この国の在り方についての新たな対話を収録。

愛と痛み

辺見庸　41471-3

私たちは〈不都合なものたち〉を愛することができるのか。時代の危機に真摯に向き合い続ける思想家が死刑をいままでにないかたちで問いなおし、生と世界の根源へ迫る名著を増補。

空飛ぶ円盤が墜落した町へ

佐藤健寿　41362-4

北米に「エリア51」「ロズウェルＵＦＯ墜落事件」の真実を、南米へナチスＵＦＯ秘密基地「エスタンジア」の存在を求める旅の果てに見つけたのは……。『奇界遺産』の著者による“奇”行文学の傑作！

ヒマラヤに雪男を探す

佐藤健寿　41363-1

『奇界遺産』の写真家による“行くまでに死ぬ”アジアの絶景の数々！　世界で最も奇妙なトラベラーがヒマラヤの雪男、チベットの地下王国、中国の謎の生命体を追う。それは、幻ではなかった――。

幸せを届けるボランティア　不幸を招くボランティア

田中優　41502-4

街頭募金、空缶拾いなどの身近な活動や災害ボランティアに海外援助……これってホントに役立ってる？　そこには小さな誤解やカン違いが潜んでいるかも。“いいこと”したその先に何があるのか考える一冊。

偽善のトリセツ

パオロ・マッツァリーノ　41660-1

愛は地球を救わない？　でも、「偽善」は誰かを救えるかもよ⁉　人は皆、偽善者。大切なのは、動機や気持ちではなく、結果である。倫理学と社会学から迫る、誰も知らない偽善の真実。

カルト脱出記

佐藤典雅　41504-8

東京ガールズコレクションの仕掛け人としても知られる著者は、ロス、NY、ハワイ、東京と九歳から三十五歳までエホバの証人として教団活動していた。信者の日常、自らと家族の脱会を描く。待望の文庫化。

死してなお踊れ

栗原康　41686-1

行くぜ極楽、何度でも。家も土地も財産も、奥さんも子どもも、ぜんぶ捨てて一遍はなぜ踊り狂ったのか。他力の極みを生きた信仰の軌跡を踊りはねる文体で蘇らせて、未来をひらく絶後の評伝。

結婚帝国

上野千鶴子／信田さよ子　41081-4

結婚は、本当に女のわかれ道なのか……？　もはや既婚／非婚のキーワードだけでは括れない「結婚」と「女」の現実を、〈オンナの味方〉二大巨頭が徹底的に語りあう！　文庫版のための追加対談収録！

夫婦という病

岡田尊司　41594-9

長年「家族」を見つめてきた精神科医が最前線の治療現場から贈る、結婚を人生の墓場にしないための傷んだ愛の処方箋。衝撃のベストセラー『母という病』著者渾身の書き下ろし話題作をついに文庫化。

家族収容所

信田さよ子　41183-5

離婚に踏み切ることなどできない多くの妻たちが、いまの生活で生き抜くための知恵と戦略とは——？　家族という名の「強制収容所」で、女たちが悩みながらも強く生きていくためのサバイバル術。

スカートの下の劇場

上野千鶴子　41681-6

なぜ性器を隠すのか？　女はいかなる基準でパンティを選ぶのか？——女と男の非対称性に深く立ち入って、下着を通したセクシュアリティの文明史をあざやかに描ききり、大反響を呼んだ名著。新装版。

民俗のふるさと

宮本常一　41138-5

日本人の魂を形成した、村と町。それらの関係、成り立ちと変貌を、ていねいなフィールド調査から克明に描く。失われた故郷を求めて結実する、宮本民俗学の最高傑作。

生きていく民俗　生業の推移

宮本常一　41163-7

人間と職業との関わりは、現代に到るまでどういうふうに移り変わってきたか。人が働き、暮らし、生きていく姿を徹底したフィールド調査の中で追った、民俗学決定版。

日本人のくらしと文化

宮本常一　41240-5

旅する民俗学者が語り遺した初めての講演集。失われた日本人の懐かしい生活と知恵を求めて。「生活の伝統」「民族と宗教」「離島の生活と文化」ほか計六篇。

海に生きる人びと

宮本常一　41383-9

宮本常一の傑作『山に生きる人びと』と対をなす、日本人の祖先・海人たちの移動と定着の歴史と民俗。海の民の漁撈、航海、村作り、信仰の記録。

辺境を歩いた人々

宮本常一　41619-9

江戸後期から戦前まで、辺境を民俗調査した、民俗学の先駆者とも言える四人の先達の仕事と生涯。千島、蝦夷地から沖縄、先島諸島まで。近藤富蔵、菅江真澄、松浦武四郎、笹森儀助。

山に生きる人びと

宮本常一　41115-6

サンカやマタギや木地師など、かつて山に暮らした漂泊民の実態を探訪・調査した、宮本常一の代表作初文庫化。もう一つの「忘れられた日本人」とも。没後三十年記念。